MÉTODO DIRECTO DE

CONVERSACIÓN EN ESPAÑOL

(NUEVA EDICIÓN)

LIBRO I

por

JUVENAL L. ANGEL

y

ROBERT J. DIXSON

REGENTS PUBLISHING COMPANY, INC.

Published by
REGENTS PUBLISHING COMPANY, Inc.
Two Park Avenue
New York, N.Y. 10016

Printed in the United States of America
ISBN 0-88345-102-6   *10-85*

INDICE

PREAMBULO A LA SEGUNDA EDICION

La comprobada eficacia y éxito de la primera edición nos ha impulsado a la preparación de la segunda, con la esperanza de que todos nuestros colegas y alumnos la encuentren de plena satisfacción. Hemos incorporado numerosas mejoras, sin apartarnos del propósito y plan originales.

Como antes, las lecciones de METODO DIRECTO 1 y 2 corresponden, una por una, a las de TESTS AND DRILLS IN SPANISH GRAMMAR. Esto permite que ambos libros, METODO DIRECTO DE CONVERSACION EN ESPAÑOL 1 y 2, puedan emplearse en conjunto con TESTS AND DRILLS IN SPANISH GRAMMAR en un programa unificado, o separadamente como textos auxiliares de conversación.

AL PROFESOR

La utilidad de este libro aumentará enormemente si se siguen las indicaciones siguientes:

1. Pida al alumno respuestas directas, completas y automáticas a todas las preguntas. Si las respuestas son lentas y vacilantes, repita la pregunta varias veces o exija más preparación de la tarea en casa.

2. Haga que los alumnos practiquen todas las preguntas varias veces en casa, preferentemente en voz alta. Nunca trabaje en la clase con material que los alumnos no hayan practicado ya en su casa, excepto para introducir la lección del día siguiente. Trate de obtener más práctica y velocidad con material conocido, ya que los ejercicios preparados con anticipación dan mejor resultado que el material que, por ser desconocido, confunde al alumno y causa demoras y pérdida de tiempo.

3. Altere todas las preguntas con pequeñas variaciones acerca del punto esencial. Si la pregunta es, "¿De qué color es su camisa?", pregúntele a otro alumno, "¿De qué color es su corbata?" y así sucesivamente. De esta manera no sólo se pueden formular muchas preguntas más sino que se hará la lección más amena y animada. Continúe preguntando en forma variada saltando de uno a otro, para que así todos estén siempre alerta y activos.

4. Cuando se haga uso de sujetos imaginarios, como "Juan" o "María" en una pregunta, substitúyalos por nombres de alumnos presentes en el aula. Haga cuantos cambios crea necesarios en el texto para darle un aspecto natural y práctico al material que se está usando.

5. Exíjales a los alumnos que cada día vengan preparados a hacer preguntas similares a las del libro; este sistema les dará más práctica en el arte de formular preguntas y en contestarlas.

LECCION 1

¿Qué es esto? Es una puerta.

¿Qué es esto? Es una ventana.

(Continúese señalando cualquier otro objeto a la mano y repítase varias veces la pregunta: ¿Qué es esto?)

¿Es esto una mesa o una silla? Es una silla.

¿Es esto una silla o una mesa?  Es una mesa.

(El profesor debe continuar señalando los objetos que tenga a la mano y hacer, repetidas veces, las preguntas anteriores.)

¿Es esto una puerta?		No, no es una puerta.
¿Es esto una ventana?		Sí, es una ventana.
¿Qué es esto?		Es una ventana.

¿Es esto un lápiz?		No, no es un lápiz.
¿Es esto una silla?		Sí, es una silla.
¿Qué es esto?		Es una silla.

(El profesor debe continuar señalando los diferentes objetos y repitiendo las preguntas como en la forma anterior.)

B. EJERCICIO ORAL

Soy americano. No soy cubano. Usted es cubano. Juan es cubano también. *Somos* alumnos. No *somos* profesores. Ustedes *son* alumnos. María y Elena *son* alumnas. No *son* profesoras. *Son* americanas. No *son* cubanas.

1. ¿Es usted americano o cubano? 2. ¿Es usted alumno o profesor? 3. ¿De qué país es Juan? 4. ¿De qué nacionalidad es María? 5. ¿De qué país es usted? 6. ¿Es Elena alumna o profesora? 7. ¿De qué país es Elena? 8. ¿De qué nacionalidad es Elena? 9. ¿Somos profesores o alumnos? 10. ¿De qué nacionalidad somos?

2

Vocabulario: qué, es, esto, una, puerta, ventana, mesa, silla, no, sí, lápiz, soy, americano, cubano, también, alumno (a), profesor (a), de, o, país, nacionalidad, somos, usted (es).

LECCION 2

NUMERALES

1—uno	6—seis
2—dos	7—siete
3—tres	8—ocho
4—cuatro	9—nueve
5—cinco	10—diez

$1 + 1 = 2$ uno y uno son dos
$2 + 1 = 3$ dos y uno son tres
$3 + 2 = 5$ tres y dos son cinco

$4 - 3 = 1$ cuatro menos tres es uno
$5 - 2 = 3$ cinco menos dos son tres
$10 - 8 = 2$ diez menos ocho son dos

$3 \times 2 = 6$ tres por dos son seis
$4 \times 2 = 8$ cuatro por dos son ocho
$2 \times 5 = 10$ dos por cinco son diez

1. ¿Cuántos son cuatro y dos? 2. ¿Cuántos son cuatro por dos? 3. ¿Cuántos son siete y dos? 4. ¿Cuántos son seis y cuatro? 5. ¿Cuántos son uno y tres? 6. ¿Cuántos son siete menos tres? 7. ¿Cuántos son dos por cuatro? 8. ¿Cuántos son tres menos dos? 9. ¿Cuántos son diez por uno? 10. ¿Cuántos son diez menos tres?

B. EJERCICIO ORAL

Yo soy alumno. *El* es profesor. *Usted* es alumno también. Juan es alumno. *El* es americano. *El* es de

Nueva York. María es hermana de Juan. *Ella* es alumna de la misma clase que él. *Nosotros* somos amigos. Somos alumnos de español. Somos alumnos de la misma clase. *Ustedes* no son profesores. *Ustedes* son alumnos de la misma clase que nosotros. Ricardo y Enrique son hermanos. *Ellos* también son alumnos de la misma clase que nosotros.

La mesa es *roja*. Las mesas son *rojas*. El lápiz es *rojo*. La lección es *fácil*. Las lecciones son *fáciles*. El ejercicio es *difícil*. Los ejercicios son *difíciles*.

1. ¿Es usted profesor o alumno? 2. ¿Es usted alumno de español? 3. ¿Es Juan profesor o alumno? 4. ¿De qué país es Juan? 5. ¿Es María la hermana de Juan o la hermana de Enrique? 6. ¿Es ella alumna o profesora? 7. ¿Son ustedes profesores o alumnos de español? 8. ¿De qué país son ustedes? 9. ¿De qué país son Juan y Enrique? 10. ¿Son alumnos los dos? 11. ¿Es la lección de hoy fácil o difícil? 12. ¿Son los ejercicios fáciles o difíciles?

C. REPASO

1. ¿Cuántos son siete y tres? 2. ¿Cuántos son dos por tres? 3. ¿Cuántos son tres menos dos? 4. ¿Es la lección fácil o difícil? 5. ¿De qué color es la mesa? 6. ¿De qué color es el lápiz? 7. ¿Somos profesores o alumnos? 8. ¿Es el ejercicio fácil o difícil? 9. ¿Son los ejercicios fáciles o difíciles? 10. ¿Cuántos son diez menos nueve? 11. ¿De qué país es el Sr. (señor) López? 12. ¿Cuántos son dos por tres?

Vocabulario: menos, son, por, hermano(a), ella, él, el, mismo, clase, ellos(as), la, con, español, nosotros(as), y, fácil, difícil, ejercicio, rojo, lección, color, cuántos.

LECCION 3

COLORES

El cielo es azul. Las nubes son blancas o grises. El sol es amarillo y rojo. La mesa es blanca. Las paredes del cuarto son blancas. Las sillas son amarillas. El pelo de María es negro. El pelo de Juan es también negro. El pelo del señor López es blanco.

1. ¿De qué color es la mesa? 2. ¿De qué color es el cielo? 3. ¿De qué color son las nubes? 4. ¿De qué color son las paredes del cuarto? 5. ¿De qué color son las sillas? 6. ¿De qué color es el pelo de María? 7. ¿Es el pelo de Juan blanco o negro? 9. ¿De qué color es el sol? 11. ¿Es el color del cielo azul claro o azul oscuro? 12. ¿Es la mesa blanca o negra?

B. EJERCICIO ORAL

Yo *hablo* con el profesor. Usted *habla* con el profesor. Juan *habla* con nosotros. El no habla español, sino inglés. Nosotros hablamos español en la clase. ¿Hablan ustedes español o inglés en la clase? Enrique y Ricardo estudian en la misma clase. Ellos hablan español con el profesor.

Yo compro muchos libros. ¿Compra usted muchos libros o pocos libros? Juan y Enrique compran pocos libros.

1. ¿Habla usted español bien o mal? 2. ¿Habla usted inglés bien o mal? 3. ¿Hablan ustedes inglés o español con el profesor? 4. ¿Hablan Enrique y Ricardo español bien o mal? 5. ¿Estudia usted en la misma clase que Enrique? 6. ¿En qué clase estudian las dos hermanas de Juan? 7. ¿Estudia María en la misma clase que ustedes? 8. ¿Cómo habla español el profesor, bien o mal? 9. ¿Cómo habla María español, bien o mal? 10. ¿Qué idioma hablan ustedes en la clase? 12. ¿Qué idioma estudian ustedes?

C. REPASO

1. ¿De qué color son los lápices? 2. ¿Es el sol rojo o amarillo? 3. ¿Es el cielo azul? 4. ¿Hablan ustedes algunas veces español en la clase? 5. ¿Son las paredes verdes o amarillas? 6. ¿Es el pelo de Juan negro o blanco? 7. ¿Compra usted muchos o pocos libros? 8. ¿Compra usted muchos o pocos lápices? 9. ¿Es el color de la silla rojo oscuro o rojo claro? 10. ¿Estudian Juan y usted los mismos ejercicios?

1. ¿Es usted americano o cubano? 2. ¿De qué país es el señor Gómez? 3. ¿Somos nosotros profesores o alumnos? 4. ¿Son los ejercicios de hoy fáciles o difíciles? 5. ¿Es la lección de hoy fácil o difícil? 6. ¿Estudian Enrique y Eduardo en la misma clase? 7. ¿De qué nacionalidad es Elena? 8. ¿Cuántos son dos por tres? 9. ¿Cuántos son seis y uno? 10. ¿Son Juan y Enrique hermanos? 11. ¿Compran los alumnos muchos o pocos lápices? 12. ¿Qué idioma hablan ustedes en la clase, inglés o español?

Vocabulario: blanco, cielo, azul, oscuro, claro, invierno, gris, sol, amarillo, pared, cuarto, verde, pelo, negro, hablar, sino, bien, inglés, estudiar, libros, comprar, mucho, poco, mal, idioma.

LECCION 4

NUMERALES (Continuación)

11—once	16—dieciséis
12—doce	17—diecisiete
13—trece	18—dieciocho
14—catorce	19—diecinueve
15—quince	20—veinte

treinta, cuarenta, cincuenta, sesenta, setenta, ochenta, noventa, cien

$11 + 1 = 12$ Once y uno son doce
$12 + 8 = 20$ Doce y ocho son veinte
$13 + 6 = 19$ Trece y seis son diecinueve

$30 - 20 = 10$ Treinta menos veinte son diez
$17 - 4 = 13$ Diecisiete menos cuatro son trece
$12 - 6 = 6$ Doce menos seis son seis

$10 \times 10 = 100$ Diez por diez son cien
$6 \times 8 = 48$ Seis por ocho son cuarenta y ocho
$7 \times 5 = 35$ Siete por cinco son treinta y cinco

1. ¿Cuántos son once y dos? 2. ¿Cuántos son once menos dos? 3. ¿Cuántos son once menos uno? 4. ¿Cuántos son once menos tres? 5. ¿Cuántos son cuatro por seis menos dos? 6. ¿Cuántos son diez por diez? 7. ¿Cuántos son cien menos ochenta? ¿Cien y trescientos? 9. ¿Cuántos son tres por tres?

10

B. EJERCICIO ORAL

Yo *vivo* en la calle Príncipe. ¿Dónde *vive* usted? Juan *vive* en la calle Neptuno. ¿En qué calle *vive* María? Ella y yo *vivimos* en la misma calle. ¿Dónde *viven* Enrique y Ricardo? *Viven* muy cerca de nosotros.

Yo *abro* la ventana de la clase. Juan *lee* muchos libros. ¿*Lee* usted muchos o pocos libros? ¿*Escribe* usted muchas o pocas cartas? Yo *escribo* muy pocas cartas. Nosotros leemos y escribimos español.

1. ¿Dónde vive usted? 2. ¿Dónde vive Eduardo? 3. ¿Dónde vive el profesor? 4. ¿Lee usted el periódico todos los días? 5. ¿Qué periódico lee usted? 6. ¿Escribe usted muchas o pocas cartas? 7. ¿A quién escribe usted cartas? 8. ¿Recibe usted muchas o pocas cartas? 9. ¿De quién recibe usted cartas? 10. ¿Come usted en casa o en un restaurante? 11. ¿En qué restaurante come usted? 12. ¿Dónde comen Juan y Guillermo todos los días, en casa o en un restaurante? 13. ¿Aprende usted muchas o pocas palabras todos los días? 14. ¿Cuántas palabras nuevas aprende usted cada día?

C. REPASO

1. ¿Cuántos son once menos tres? 2. ¿Cuántos son diez y diez? 3. ¿Vive Juan en la calle Príncipe o en la calle Neptuno? 4. ¿Dónde come el profesor, en casa o en un restaurante? 5. ¿Cuántas palabras nuevas aprenden los alumnos todos los días? 6. ¿Escriben ustedes muchas o pocas composiciones? 7. ¿Escribe usted cartas en español? 8. ¿Qué es más fácil para usted, escribir una carta en español o en inglés? 9. ¿Qué

es más fácil para usted, leer el periódico en español o en inglés? 10. ¿Es fácil o difícil aprender español? 11. ¿Cuántos son doce menos once? 12. ¿Cuántos son cien menos cincuenta?

1. ¿Es usted profesor o alumno? 2. ¿Somos nosotros americanos o mexicanos? 3. ¿Es azul el cielo? 4. ¿De quién es el libro rojo? 5. ¿De quién es el lápiz amarillo? 6. ¿Vive usted cerca o lejos de la escuela? 7. ¿Vive Juan cerca o lejos de usted? 8. ¿Habla usted español bien o mal? 9. ¿Es Juan profesor o alumno? 10. ¿Quién abre la ventana de la clase? 11. ¿Es el sol rojo o amarillo? 12. ¿Es la lección de hoy fácil o difícil? 13. ¿Son fáciles o difíciles los ejercicios de hoy? 14. ¿Son hermanas Elena y Rosa?

Vocabulario: hoy, vivir, calle, en, donde, muy, cerca, lejos, abrir, aprender, palabra, nueva, leer, escribir, carta, periódico, todo, día, cada, comer, casa, restaurante, cual, qué, más, quién.

LECCION 5

PREPOSICIONES

El libro está *sobre* la mesa.

El cesto está *debajo* de la mesa.

El cuadro está *arriba* de la mesa.

La ventana está *detrás* de la mesa.

El lápiz está *entre* los libros.

1. En la primera ilustración, ¿está el libro debajo de la mesa o sobre la mesa? 2. ¿Dónde está el libro? 3. En la segunda ilustración, ¿está el cesto sobre la mesa o debajo de la mesa? 4. ¿Dónde está el cesto? 5. En la tercera ilustración, ¿está el cuadro debajo de la mesa o arriba de la mesa? 6. ¿Dónde está el cuadro? 7. En la cuarta ilustración, ¿está el lápiz sobre los libros o entre los libros? 8. ¿Dónde está el lápiz? 9. ¿Están

13

los libros sobre el lápiz o al lado del lápiz? 10. ¿Dónde están los libros? 11. En la quinta ilustración, ¿está la mesa delante de la ventana o detrás de la ventana? 12. ¿Está la ventana detrás de la mesa o delante de la mesa?

B. EJERCICIO ORAL

Yo *soy* americano. Yo *estoy* cansado hoy. Usted es muy *alto.* ¿Por qué *está* usted tan nervioso hoy? Juan es muy inteligente. Juan *está* enfermo hoy. Somos alumnos. Estamos en la clase de español ahora. Juan y Enrique *son* hermanos. ¿Dónde están Juan y Enrique?

El libro es *rojo.* El libro *está* sobre la mesa. La camisa de Juan *es* blanca. La camisa *está* un poco sucia. El cielo es azul, pero hoy está gris.

1. ¿De qué nacionalidad es usted? 2. ¿Por qué está usted tan cansado hoy? 3. ¿Por qué está María tan nerviosa ahora? 4. ¿De qué color es el libro de usted? 5. ¿Dónde está su (de usted) libro de español? 6. ¿Somos alumnos o profesores? 7. ¿Dónde está el profesor ahora? 8. ¿Por qué está Elena ausente de la clase hoy? 9. ¿Está ella enferma? 10. ¿Es Juan alto o bajo? 11. ¿Dónde está Juan ahora? 12. ¿Es la lección de hoy fácil o difícil? 13. ¿De qué color está el cielo hoy?

C. REPASO

1. ¿Está su lápiz sobre el escritorio o debajo del escritorio? 2. ¿Está el escritorio del profesor delante de la clase o detrás de la clase? 3. ¿Está la pizarra delante

14

del profesor o detrás del profesor? 4. ¿De qué color es la pizarra? 5. ¿De qué nacionalidad es el profesor? 6. ¿Quién está sentado delante de usted? 7. ¿Quién está sentado detrás de usted? 8. ¿Quién está sentado al lado de usted? 9. ¿Está el profesor sentado o de pie? 10. ¿Están ustedes sentados o de pie? 11. ¿Son ustedes profesores o alumnos? 12. ¿En qué clase están ustedes ahora?

1. ¿Es su profesor alto o bajo? 2. ¿Dónde está sentado el profesor? 3. ¿Dónde está sentado usted? 4. ¿Vive usted lejos o cerca de la escuela? 5. ¿Cuántas palabras nuevas aprende usted cada día? 6. ¿En qué tienda compra usted sus libros? 7. ¿Habla Elena español bien o mal? 8. ¿Estudia usted español todos los días? 9. ¿De qué color son las paredes de su cuarto? 10. ¿De qué color es el cielo en invierno? 11. ¿Cuántos son diez por seis? ¿Seis por tres? ¿Seis menos dos? 12. ¿Son Juan y usted hermanos? 13. ¿Dónde está Juan ahora? 14. ¿Estudia Juan en la misma clase que usted?

Vocabulario: estar, sobre, debajo de, arriba de, cesto, cuadro, entre, detrás de, delante de, cansado, alto, nervioso, tan, por qué, inteligente, enfermo, ahora, camisa, sucia, aplicado, perezoso, profesor, ilustración, primero, segundo, tercero, cuarto, quinto, sentado, de pie, pero.

Use las siguientes frases en oraciones:

delante de
detrás de
arriba de
debajo de
la clase de español
un poco sucio

ausente de
la lección de hoy
del profesor
estar sentado
de pie
al lado de

LECCION 6

EN LA CLASE (El aula)

Ahora estamos en la clase de español. Hay (*) muchos alumnos en la clase. Hay quince muchachas y dieciséis muchachos. Nosotros tenemos una sala de clases muy agradable. Hay muchas ventanas, y el aula (la sala de clases) es muy clara. En las ventanas hay unas cortinas rojas muy bonitas, y también hay algunos cuadros en la pared. El profesor, el señor López, es español. Habla español muy bien. Dice:

—Buenos días, alumnos. ¿Cómo están ustedes esta mañana?

—Muy bien, señor López, muchas gracias. ¿Y usted?

(*) Hay—*there is, there are.* Impersonal form of verb *haber.*

—Bien, gracias. ¿Tienen todos ustedes libros de español?

—Sí, señor, nosotros tenemos libros de español.

—¿Tienen ustedes sus lápices y cuadernos?

—Sí, nosotros tenemos lápices y cuadernos.

—¿Qué lección tenemos que estudiar hoy?

—Hoy tenemos que estudiar la lección seis.

—Muy bien, ustedes son muy buenos alumnos.

—Muchas gracias, profesor.

1. ¿Está usted ahora en la clase de español o en la clase de inglés? 2. ¿Hay muchos o pocos alumnos en esta clase? 3. ¿Cuántos muchachos hay en la clase de español? 4. ¿Cuántas muchachas hay en la clase de español? 5. ¿Es esta aula agradable? 6. ¿Es clara el aula u oscura? 7. ¿Cuántas ventanas hay en el aula? 8. ¿Cuántos cuadros hay en la pared? 9. ¿De qué nacionalidad es su profesor? 10. ¿Habla su profesor español en la clase? 11. ¿Cómo saluda él a los alumnos? 12. ¿Cómo saludan los alumnos al profesor?

B. EJERCICIO ORAL

Yo *tengo* un libro de español. Usted *tiene* dos libros nuevos. ¿*Tiene* Juan muchos amigos en la escuela? Nosotros *tenemos* cuadernos rojos. Eduardo y Enrique *tienen* el pelo negro.

Tenemos que abrir la ventana. La profesora dice que *tiene calor*. Yo *tengo frío*. Cada día a esta hora *tengo mucha hambre*.

Juan tiene dieciséis años. Yo tengo dieciocho años. La hermana de Juan tiene seis años. ¿Cuántos años tiene usted? ¿Cuántos años tiene el profesor?

17

Tenemos que estudiar mucho. Cada día *tenemos que aprender* muchas palabras nuevas. Ella *tiene que escribir* muchas cartas a sus amigas. El profesor dice que *tenemos que escribir* una composición. Ellos *tienen que hablar* español en la clase.

1. ¿Cuántos libros tiene usted? 2. ¿Tiene usted un cuaderno? 3. ¿Tienen cuadernos todo los alumnos? 4. ¿Cuántos años tiene Juan? 5. ¿Cuántos años tiene Elena? 6. ¿Cuántos años tiene su hermano? 7. ¿Abre usted la ventana cuando tiene frío o cuando tiene calor? 8. ¿Qué toma usted cuando tiene mucha sed? 9. ¿Cuántas palabras tiene que aprender usted cada día? 10. ¿Cuántas horas tiene usted que estudiar español cada día? 11. ¿Tiene usted que escribir muchas o pocas cartas? 12. ¿Tiene usted que leer muchos o pocos libros para su clase de inglés?

C. REPASO

1. ¿Está el cielo hoy claro u oscuro? 2. ¿Hay cortinas en las ventanas del aula? 3. ¿De qué color son? 4. ¿Están sucias o limpias? 5. ¿Son bonitas o feas? 6. ¿Hay más muchachos o muchachas en su clase? 7. ¿Cuántos hermanos tiene usted? ¿Cuántas hermanas tiene? 8. ¿Tiene usted muchos o pocos amigos en la escuela? 9. ¿Tiene usted que estudiar mucho o poco para su clase de español? 10. ¿Tienen ustedes que escribir muchas o pocas composiciones para su clase?

1. ¿Tienen ustedes un buen (*) profesor de español? 2. ¿De qué país es él? 3. ¿Cuántos años tiene él?

_____
(*) The adjectives *bueno, primero, tercero* drop the o when used before a masculine noun.

4. ¿Habla inglés bien o mal? 5. ¿Cuántos alumnos hay en la clase? 6. ¿Come usted siempre en casa o come algunas veces en un restaurante? 7. ¿Está el hermano de Enrique en México o en Cuba? 8. ¿Dónde está su libro de español? 9. ¿De qué color es su libro de español? 10. ¿Estudia Enrique en la misma clase que usted? 11. ¿Cuántos alumnos hay ausentes hoy? 12. ¿Es la lección de hoy fácil o difícil? 13. ¿Son fáciles o difíciles los ejercicios de hoy? 14. ¿Está sentada Raquel delante de usted o detrás de usted? 15. ¿Está el profesor sentado o de pie?

Vocabulario: hay (haber), muchacho(a), tener, sala, agradable, cortina, bonita, decir, bueno, día, mañana, gracias, cuaderno, saludar, calor, frío, año, hambre, sed, cuando, hora, para, limpio, feo.

Use las siguientes frases en oraciones:

hay ...	tener calor
sala de clases	tener sed
buenos días	tener hambre
muchas gracias	tener que ...
tener años	en casa
tener frío	

LECCION 7

LAS FRUTAS

Profesor:—En nuestra lección de hoy vamos a hablar de las diferentes clases de frutas. ¿Cuáles son algunas frutas que ustedes comen todos los días?

Alumno:—Comemos naranjas, manzanas, plátanos, peras.

Profesor:—Eduardo, ¿cuál es su fruta favorita?

Alumno:—Mi fruta favorita es la naranja. Yo como naranjas todas las mañanas.

Profesor:—¿Es la naranja una fruta dulce o agria?

Alumno:—A veces las naranjas son agrias, otras veces son dulces. Depende de si están verdes o maduras.

Profesor:—Pedro, ¿cuál es su fruta favorita?

Alumno:—Mi fruta favorita es la manzana.

Profesor:—Pedro, ¿cómo se llama el árbol de las manzanas?

Alumno: —Se llama manzano.

Profesor:—¿Cómo se llama el árbol de las peras?

Alumno: —Se llama peral.

Profesor:—Pedro, ¿cómo puede usted distinguir un peral de un manzano?

Alumno: —Por la fruta.

Profesor:—¿Y si no hay fruta en los árboles?

Alumno: —Entonces espero.

1. ¿De qué van a hablar hoy el profesor y los alumnos? 2. ¿De qué van a hablar hoy ustedes en su clase de español? 3. ¿Hay muchas o pocas clases de frutas? 4. ¿Qué frutas comen ustedes todos los días? 5. ¿Cuál es su fruta favorita? 6. ¿Come usted muchas o pocas naranjas? 7. ¿Come usted muchas o pocas manzanas? 8. ¿Es la naranja una fruta dulce o agria? 9. ¿Es la manzana una fruta agria o dulce? 10. ¿Cómo se llama el árbol de las manzanas? 12. ¿Cómo puede usted distinguir un manzano de un peral?

B. EJERCICIO ORAL

Este es *mi* libro y ésta es *mi* pluma. Yo tengo *mi* libro y *mi* pluma conmigo. Usted tiene su lápiz y *su* pluma con usted. Juan tiene *su* (de él) libro con él. María ve *su* (de ella) cartera sobre la mesa.

En *nuestra* lección de hoy vamos a hablar de las diferentes clases de frutas. Además, vamos a observar qué cosas hay en este cuarto. En las ventanas de *nuestro* cuarto hay cortinas. Juan y María hablan en español con *su* padre.

21

Siempre hablamos español con *nuestros* profesores. Juan tiene *sus* libros con él. Yo escribo todas *mis* cartas a la familia en inglés.

1. ¿Dónde estudia usted sus lecciones, en casa o en la escuela? 2. ¿Dónde guarda usted el dinero, en mi bolsillo o en su cartera? 3. ¿Dónde guarda Juan el dinero, en su (de él) bolsillo o en su (la) cartera? 4. ¿Dónde tenemos nuestras lecciones de español cada día? 5. ¿Dónde tienen Juan y Enrique sus lecciones de español cada día? 6. ¿Dónde están los libros de usted ahora? 7. ¿Es María amiga de usted o amiga de Enrique? 8. ¿Escribe usted muchas o pocas cartas a sus amigos? 9. ¿Escribe su hermana muchas o pocas cartas a sus amigas? 10. ¿Quién es su profesor de español?

C. REPASO

1. ¿Es la pera una fruta dulce o agria? 2. ¿Es el plátano una fruta dulce o agria? 3. ¿En qué países hay plátanos? 4. ¿De qué color son las naranjas? 5. ¿De qué color son los plátanos? 6. ¿Come usted muchas o pocas peras? 7. ¿Son las frutas verdes agrias o dulces? 8. ¿Son las manzanas verdes dulces o agrias? 9. ¿Son los plátanos maduros dulces o agrios? 10. ¿Cómo se llama el árbol de las naranjas? 11. ¿Cómo se llama usted? 12. ¿Cómo se llama su profesor de español?

1. ¿Cuántos son siete y tres? ¿Dos por tres? ¿Siete menos cinco? 2. ¿Es la lección de hoy fácil o difícil? 3. ¿Son los ejercicios de hoy fáciles o difíciles? 4. ¿Estudia usted en la misma clase de Enrique o en una clase diferente? 5. ¿Vive usted cerca o lejos de su escuela? 6. ¿Qué es más fácil para usted, escribir composiciones en inglés o en español? 7. En invierno, ¿está el cielo siempre azul o algunas veces está gris? 8. ¿En qué

calle vive Juan? 9. ¿Está su libro de español sobre la mesa o debajo de la mesa? 10. ¿Está la pizarra delante de la clase o detrás de la clase? 11. ¿De qué país es su profesor de español? 12. ¿De qué nacionalidad es usted? 13. ¿Qué idiomas habla su profesor de español? 14. ¿Habla él inglés bien o mal? 15. ¿Hay un cesto de papeles en el aula? ¿Dónde está?

Vocabulario: ir, fruta, manzana, plátano, pera, favorita, dulce, agrio, depender, maduro, llamarse, árbol, manzano, peral, distinguir, poder, esperar, ver, escuela, guardar, dinero, bolsillo, cartera, entonces.

Use las siguientes frases en oraciones:

vamos a hablar
todos los días
todas las mañanas
a veces

otras veces
depender de
se llama
guardar algo

LECCION 8

PASANDO LISTA

Todas las mañanas en la clase de español, el señor López pasa lista. El nombra a todos los alumnos uno tras otro. El pasa lista así:

—Raúl Pérez.

—Presente.

—Elena Rodríguez.

—Presente.

—Enrique Gómez.

—Enrique no está. Está ausente hoy, profesor.

—Ah, sí. Enrique es su hermano. ¿Dónde está hoy Enrique?

—Está en casa. Está enfermo.

—Lo siento mucho. (*) (Después de un momento.) Hoy tenemos que estudiar los adjetivos demostra-

_____

(*) *Lo siento—I am sorry.* Literally: *I regret it.* Verb: *sentir.*

24

tivos *este, ese* y *aquel.* Guillermo, ¿cuál es la diferencia entre *este, ese* y *aquel?*

—Usamos *este* para indicar cosas cerca de la persona que habla; *ese* para cosas cerca de la persona que escucha; y *aquel* para cosas lejos de las dos personas.

—Muy bien. Ahora, Elena, ¿cuál es el femenino de *este, ese* y *aquel?*

—El femenino de *este* es *esta,* el de *ese* es *esa,* y el de *aquel* es *aquella.*

—Raúl, ¿cuál es el plural de estos adjetivos?

—El plural masculino de *este, ese* y *aquel* es *estos, esos* y *aquellos.* El plural femenino es *estas, esas* y *aquellas.*

—Muy bien.

1. ¿Qué hace el señor López todos los días? 2. ¿Cómo nombra él a todos los alumnos? 3. ¿Está presente o ausente Raúl Pérez? 4. ¿Está presente o ausente Enrique Gómez? 5. ¿Por qué está Enrique ausente? 6. ¿Qué tienen que estudiar hoy los alumnos? 7. ¿Cuáles son los adjetivos demostrativos? 8. ¿Cuál es la diferencia entre *este, ese* y *aquel?* 9. ¿Cuál es el femenino de *este?* 10. ¿Cuál es el femenino de *ese?* 11. ¿Cuál es el plural, masculino, de *este, ese* y *aquel?* 12. ¿Cuál es el plural, femenino, de *este, ese* y *aquel?*

B. EJERCICIO ORAL

Este lápiz es verde. Ese lápiz que está sobre la mesa es rojo. *Aquel* lápiz que está *allí* en la silla es *negro. Esta* mesa es del profesor. *Esta pluma* que está sobre la mesa es nueva. *Aquella* revista que está sobre el escritorio del profesor es interesante.

Estos lápices son de Juan. *Esos* libros son de mi hermano. *Aquellos* automóviles, al lado opuesto de la calle, son del señor López.

Estas plumas son muy buenas. Esas revistas son de México. Aquellos muchachos son hermanos.

(El profesor debe indicar varios objetos en la sala de clases.)

1. ¿Es éste su libro o el libro de Juan?
2. ¿Son ésos sus libros o los libros de María?
3. ¿De quién son estos libros?
4. ¿Es ése su lápiz o mi lápiz?
5. ¿Son ésos sus lápices o mis lápices?
6. ¿De quién son estos lápices?
7. ¿Son aquellos libros rojos o verdes?
8. ¿Son aquellas sillas blancas o negras?
9. ¿Son esos hombres sus amigos?
10. ¿Son de ustedes o del profesor esas revistas que están sobre la mesa?

C. REPASO

1. ¿Pasa lista el profesor todos los días? 2. ¿Hay muchos o pocos alumnos ausentes hoy? 3. ¿Cuáles son los adjetivos demostrativos en inglés? 4. ¿Es más fácil para usted usar los adjetivos demostrativos en inglés o en español? 5. ¿En español usamos *este* para indicar cosas que están cerca o lejos de nosotros? 6. ¿Usamos *aquel* para indicar cosas que están cerca o lejos de la persona que habla? 7. ¿De quién son esos libros que están sobre la mesa? 8. ¿De quién es ese sombrero que está en la silla? 9. ¿De quiénes son esos sombreros que están sobre la mesa? 10. ¿Es fácil o difícil esta lección?

1. ¿Hay muchas o pocas ventanas en su aula?
2. ¿Hay muchos o pocos cuadros en las paredes? 3. ¿Son bonitos o feos los cuadros? 4. ¿Cómo saluda usted al profesor cada día cuando entra en la clase? 5. ¿Tiene usted muchas lecciones que preparar esta noche en su casa? 6. ¿De qué color es su sombrero? 7. ¿Cuántos años tiene Elena? 8. ¿Cuántos años tiene usted? 9. ¿Está su lápiz sobre el escritorio o debajo del escritorio? 10. ¿Quién está sentado al lado de usted? 11. ¿Quién está sentado delante de usted? ¿Detrás de usted? 12. ¿Es Juan alto o bajo? 13. ¿Dónde está Juan ahora? 14. ¿Por qué está Elena tan nerviosa hoy? 15. ¿Es Elena buena o mala alumna?

Vocabulario: pasar lista, nombrar, así, tras, otro, sentir, después, momento, adjetivo demostrativo, uso, usar, indicar, cosa, persona, escuchar, femenino, plural, allí, revista, interesante, automóvil, opuesto, sombrero, entrar, noche, hacer, diferencia, masculino.

Use las siguientes frases en oraciones:

todas las mañanas	en uso
todos los días	al lado opuesto
todas las noches	la diferencia entre
pasar lista	cerca de
uno tras otro	lejos de
después de	en casa

LECCION 9

LOS DIAS DE LA SEMANA

Nuestro profesor, el señor López, nos enseña los días de la semana. El nos dice:

—Como ustedes saben, alumnos, hay siete días en una semana. Los días de la semana son: lunes, martes, miércoles, jueves, viernes, sábado y domingo. Juan, ¿qué día es hoy?

—Hoy es lunes, señor.

—Guillermo, ¿cuál es el primer día de la semana?

—El primer día de la semana es lunes.

—¿Y el segundo día de la semana?

—El segundo día de la semana es martes.

—Enrique, ¿cuál es el último día de la semana?

—El último día de la semana es el domingo.

—Otra pregunta ahora. Carlos, ¿qué día viene antes del miércoles?

—El martes viene antes del miércoles.

—¿Qué día viene antes del sábado?

—El viernes viene antes del sábado.

—Elena, ¿qué día viene después del sábado?

—El domingo viene después del sábado.

—¿Qué día viene después del lunes?

—El martes viene después del lunes.

—Jorge, ¿cuál es su día de la semana favorito?

—Mis días favoritos son el sábado y el domingo porque no hay clases.

1. ¿Qué enseña el señor López? 2. ¿Cuántos días hay en una semana? 3. ¿Cuáles son los días de la semana? 4. ¿Qué día es hoy? 5. ¿Cuál es el primer día de la semana? 6. ¿Cuál es el segundo día de la semana? 7. ¿Cuál es el último día de la semana? 8. ¿Qué día viene antes del sábado? 9. ¿Qué día viene antes del jueves? 10. ¿Qué día viene después del jueves? 11. ¿Qué día viene después del martes? 12. ¿Cuáles son sus días de la semana favoritos?

B. EJERCICIO ORAL

El profesor nos enseña los días de la semana. El profesor enseña a los alumnos. Yo veo el automóvil de Juan en la calle. (Yo) veo a Juan en la calle. Elena escucha el radio. Ella escucha *al* profesor.

Yo *salgo* de mi casa temprano. (Yo) *traigo* muchos libros a la clase. Doy muchos regalos *a* mis amigos. Yo *sé* bien mi lección de hoy. Siempre *hago* bien mis ejercicios. *Pongo* mis libros sobre la mesa.

1. ¿Quién enseña a los alumnos los días de la semana? 2. ¿A quién ve usted en la calle? 3. ¿A quién da usted muchos regalos? 4. ¿A quién escucha usted en la lección? 5. ¿A quién nombra el profesor cuando pasa lista todos los días? 6. ¿A quién *saluda* usted cuando entra en la clase? 7. ¿A quién escribe usted cartas? 8. ¿Dónde pone usted sus libros cuando entra en la clase? 9. ¿Hace usted sus ejercicios bien o mal? 10. ¿Sabe usted español bien? 11. ¿Sale usted temprano de su casa todas las mañanas? 12. ¿Trae usted muchos o pocos libros a la clase?

C. REPASO

1. ¿Es el lunes el primer día o el segundo día de la semana? 2. ¿Es el domingo el primer día o el último día de la semana? 3. ¿Qué día es hoy? 4. ¿Es esta semana la primera o la última del mes? 5. ¿Cuántos meses hay en un año? 6. ¿Viene el martes antes o después del sábado? 9. ¿Saben ustedes español bien? 10. ¿Cuántas palabras sabe usted en español ahora? 11. ¿Da usted muchos o pocos regalos a sus amigos? 12. ¿Recibe usted muchos o pocos regalos de sus amigos?

1. ¿Cuántos alumnos hay en su clase de español? 2. ¿Hay más muchachos o muchachas? 3. ¿De quién son esas revistas que están sobre la mesa? 4. ¿Lee usted muchas o pocas revistas? 5. ¿Cuál es su revista favorita? 6. ¿Tiene usted automóvil? 7. ¿Cuál es la diferencia entre *este* y *ese*? 8. ¿Qué hace usted cuando tiene hambre? 9. ¿Qué hace usted cuando tiene sed? 10. ¿De qué color es la camisa de Enrique? 11. ¿Está la camisa de Enrique limpia o sucia? 12. ¿Cuál es la diferencia entre *ser* y *estar?* 13. ¿Prepara usted sus

lecciones cada noche antes o después de comer? 14. ¿Saluda usted al profesor cada mañana antes o después de entrar? 15. ¿Cuál es su periódico favorito? 16. ¿Lee usted el periódico todos los días o de vez en cuando?

Vocabulario: semana, saber, como, enseñar, último, venir, antes de, después de, ver, radio, salir, temprano, traer, dar, hacer, regalo, saber, poner, mes, lunes, martes, miércoles, jueves, viernes, sábado, domingo.

Use las siguientes frases en oraciones:

antes de	tener hambre
después de	tener sed
entrar en	todos los días
salir de	de vez en cuando

LECCION 10

COMO VAMOS A LA ESCUELA

Profesora:—Elena, ¿viene usted a la escuela en autobús o en el metro? (*)

Elena:　—Yo vengo a la escuela en autobús.

Profesora:—Y, Roberto, ¿cómo viene usted a la escuela? ¿Viene en autobús?

Roberto:　—No, yo no vengo en autobús. Vengo en el
metro.

Profesora:—Y, Raquel, ¿cómo viene usted?

Raquel:　—Yo vengo a pie. Es muy agradable caminar por la mañana. Veo muchas cosas interesantes y también es muy buen ejercicio.

Profesora:—Juan, ¿cuánto es el pasaje en el autobús
y cuánto en el metro?

_____

(*) *Metro* o *metropolitano*, tren subterráneo. (Subway).

Juan: —El pasaje en el autobús es treinta centavos, y en el metro también treinta centavos; pero mi hermano pequeño no tiene que pagar nada.

Profesora:—¿Por qué no tiene que pagar nada su hermanito? ¿Cuántos años tiene?

Juan: —Tiene ocho años.

Profesora:—Pero los niños de más de seis años tienen que pagar pasaje en el autobús, y en el metro también.

Juan: —Sí, pero en el autobús o en el metro mi hermanito tiene solamente cinco años.

1. ¿Cómo viene usted a la escuela, en autobús o en metro? 2. ¿Cómo viene su amigo Juan a la escuela? 3. ¿Cómo vienen los otros alumnos? 4. ¿Viene usted a la escuela todos los días? 5. ¿En qué días no viene usted a la escuela? 6. ¿Viene usted a la escuela a pie de vez en cuando? 7. ¿Cuánto es el pasaje en el autobús? 8. ¿Cuánto es el pasaje en el metro? 9. ¿Cuántos años tiene el hermano de Juan? 10. ¿Por qué no tiene que pagar pasaje el hermanito de Juan?

agn

B. EJERCICIO ORAL

Yo siempre *digo la verdad*. Juan *dice* que está enfermo. *Dicen* que no pueden ir a la fiesta esta noche.

Yo no *oigo* lo que dice el profesor. ¿*Oye* usted bien lo que él dice? Cuando él habla en voz baja nadie oye lo que dice. *Oímos* bien cuando habla en alta voz.

Yo *quiero* ir al cine esta noche. ¿Por qué no *quiere* usted ir con nosotros? Juan y Elena *quieren ir.*

Yo *vengo* a la escuela a pie. ¿Cómo *viene* usted a la escuela? ¿Cómo *vienen* los otros alumnos?

33

Yo no sé hablar bien español. *¿Puede* usted ir con nosotros al cine esta noche? Nosotros *podemos* esperar a Juan aquí. ¿Cómo *pueden* ustedes distinguir un manzano de un peral?

1. ¿Por qué no oye bien a veces lo que dice el profesor? 2. ¿Habla él en voz baja o en alta voz? 3. ¿Por qué no puede ir usted al cine esta noche? 4. ¿Por qué no puede ir Juan? 5. ¿Por qué dice Eduardo que no quiere aprender español? 6. ¿Viene usted a la escuela solo o con algún amigo? 7. ¿Por qué la mayoría de los alumnos vienen a pie a la escuela? 8. ¿Cómo viene el profesor a la escuela, a pie o en autobús? 9. ¿Qué idioma sabe usted hablar mejor, inglés o español? 10. ¿Viene usted a la escuela antes o después que Juan?

C. REPASO

1. ¿Cuál es más rápido, el metro o el autobús? 2. ¿Cuánto paga usted en el autobús? 3. ¿Cuánto paga usted en el metro? 4. ¿Cuánto tiempo tarda usted en venir a la escuela en autobús? 5. ¿Cuánto tiempo tarda usted en venir a la escuela en metro? 6. ¿Cuánto tiempo tarda usted en venir a la escuela a pie? 7. ¿Llega usted a la escuela más temprano si viene en autobús o si viene a pie? 8. ¿Llega usted a la escuela más temprano si viene en autobús o en metro? 9. ¿Hace usted mucho o poco ejercicio? 10. ¿Qué ejercicios hace usted todos los días?

1. ¿Es el lunes el primer día o el segundo día de la semana? 2. ¿Qué día es hoy? 3. ¿Qué día viene después del lunes? 4. ¿Qué día viene antes del lunes?

5. ¿Cuál es el último día de la semana? 6. ¿Usamos *aquel* en español para indicar cosas que están cerca o lejos de nosotros? 7. ¿Hay muchos o pocos alumnos ausentes hoy? 8. ¿Quién está ausente? 9. ¿De quién son esos libros que están sobre la mesa? 10. ¿Es la palabra *sed* masculina o femenina? 11. ¿Cuál es el plural de *este?* 12. ¿Tiene que pasar usted mucho o poco tiempo estudiando español? 13. ¿Cuántas horas tiene que estudiar usted cada noche? 14. ¿De qué color son las paredes de su sala de clases? 15. ¿En qué clase están ustedes ahora? 16. ¿Cuáles son los días de la semana?

Vocabulario: autobús, metro o metropolitano, caminar, pasaje, centavo, pequeño, nada, niño, solamente, oír, querer, voz, bajo, cine, fiesta, nadie, mayoría, tardar, pagar, llegar.

Use las siguientes frases en oraciones:

en autobús	decir la verdad
en metro	esta noche
a pie	en voz baja (alta)
por la mañana	tardar en
más de seis	hacer ejercicio
de vez en cuando	pasar el tiempo

LECCION 11

LA HORA

¿Qué hora es?
    Son las siete en punto.

¿Qué hora es?
    Son las doce y cuarto.

¿Qué hora es?
    Son las doce y media.

¿Qué hora es?
    Es la una menos cuarto.

¿Qué hora es?
    Son las cinco y diez.

¿Qué hora es?
    Son las siete menos veinte.

¿Qué hora es?

1. ¿A qué hora va usted a la escuela todos los días?
2. ¿A qué hora desayuna usted? 3. ¿A qué hora sale
usted de su casa? 4. ¿A qué hora llega a la escuela?
5. ¿A qué hora termina sus clases? 6. ¿A qué hora
sale usted de la escuela? 7. ¿A qué hora llega usted
a su casa? 8. ¿A qué hora comen ustedes en su casa
cada noche? 9. ¿A qué hora prepara usted sus lecciones? 10. ¿A qué hora termina usted sus estudios cada
noche?

B. EJERCICIO ORAL

Yo *estudio* en la clase del profesor López. Ayer
yo *estudié* en la clase del señor López. Usted siempre
llega a tiempo a la escuela. Pero ayer usted *llegó* tarde
a la escuela. Juan *habla* en español con el profesor.
Ayer Juan *habló* mucho rato en español con el profesor.
Ellos siempre *venden* los libros al fin del curso. El
año pasado ellos *vendieron* todos los libros al fin del
curso.

¿Dónde *compró* usted el libro de español? ¿Cuántos años *vivió* el señor Gómez en Madrid? Colón *descu-*

37

brió América en el año 1492. Juan *abrió* la ventana. Ayer *recibí* dos cartas de México. El señor y la señora Rodríguez *pasaron* dos meses en México el verano pasado.

1. ¿A qué hora llega usted a la escuela todas las mañanas? 2. ¿A qué hora llegó usted a la escuela ayer? 3. ¿A qué hora desayuna usted todos los días? 4. ¿A qué hora desayunó usted ayer? 5. ¿A qué hora sale usted de casa cada mañana? 6. ¿A qué hora salió usted de casa ayer por la mañana? 7. ¿Vino usted en autobús o en metro? 8. ¿Cuánto tiempo tardó usted en llegar? 9. ¿Vino usted a la escuela solo o con algunos amigos? 10. ¿A qué hora llegó Juan a la escuela esta mañana? 11. ¿A qué hora llegaron los otros alumnos? 12. ¿Cuántas horas estudió usted en casa anoche?

1. ¿Dónde pasó usted las vacaciones el año pasado? 2. ¿Dónde pasó el profesor las vacaciones el verano pasado? 3. ¿Cuántos años vivió el señor Gómez en México? 4. ¿Dónde aprendió Elena a hablar francés tan bien? 5. ¿Cuánto pagó usted por el libro de español? 6. ¿Quién descubrió América? 7. ¿En qué año descubrió Colón a América? 8. ¿Por qué llegaron Elena y María tarde a la escuela? 9. ¿Cómo vinieron a la escuela, a pie o en autobús? 10. ¿Quién abrió las ventanas? 11. ¿Por qué no preparó usted bien sus tareas anoche? 12. ¿Cuánto pagó Pablo por su traje nuevo?

1. ¿Cuánto es el pasaje en el autobús en su ciudad? 2. ¿Cuánto tiempo tarda usted en llegar a la escuela cada día? 3. ¿Cuánto tiempo tardó usted en llegar a la escuela ayer? 4. ¿En qué calle toma usted el metro o el autobús cuando va a la escuela? 5. ¿Cuántos días

hay en una semana? 6. ¿Cuál es el primer día de la semana? 7. ¿Viene usted generalmente a la escuela antes o después que Juan? 8. ¿Dónde vive Juan? 9. ¿Vive él cerca o lejos de usted? 10. ¿A qué hora llega usted a la clase? 11. ¿Come usted muchas o pocas frutas? 12. ¿Qué distintas clases de frutas puede usted nombrar? 13. ¿Es su libro de español grande o pequeño? ¿Es nuevo o viejo? ¿Es bueno o malo? ¿Es rojo o negro? 14. ¿Tiene usted reloj? ¿Qué hora es?

Vocabulario: media, desayunar, terminar, estudio, francés, vacaciones, siempre, tiempo, tarde, rato, vender, fin, curso, descubrir, tarea, generalmente, reloj, viejo, solo.

Use las siguientes frases en oraciones:

llegar a	el año pasado
en casa	pasar vacaciones
anoche	mucho rato
a tiempo	salir de
al fin de	

LECCION 12

LOS MESES

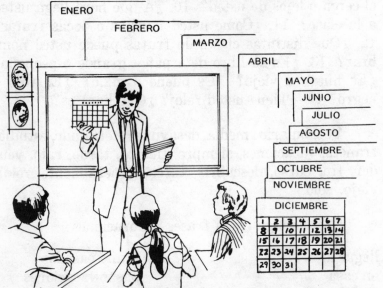

ENERO
FEBRERO
MARZO
ABRIL
MAYO
JUNIO
JULIO
AGOSTO
SEPTIEMBRE
OCTUBRE
NOVIEMBRE
DICIEMBRE

Ayer, en nuestra clase de español, el señor López, nuestro profesor, nos enseñó los nombres de los meses.

—Hoy quiero hablar sobre los meses del año. Como ustedes saben, es muy importante saberlos bien. En un año hay, por supuesto, doce meses. ¿Cuál es el primer mes, Juan?

—Enero.

—Correcto. ¿Y el segundo mes?

—Febrero.

—¿Y el tercer mes, Enrique?

—El tercer mes del año es marzo.

—¿Y cuál es el último mes del año?

—El último mes del año es diciembre.

—Bien. Los meses del año son: enero, febrero, marzo, abril, mayo, junio, julio, agosto, septiembre, octubre, noviembre, diciembre. Ahora voy a hacer unas preguntas generales.

—Guillermo, ¿qué mes viene después de julio?

—Agosto viene después de julio, profesor.

—Muy bien, Guillermo. ¿Y qué mes viene antes de julio?

—Junio viene antes de julio.

—¿Es julio un mes caluroso o un mes frío en México?

—Es un mes caluroso.

—Correcto. ¿Y cuáles son los meses más fríos del año?

—Los meses más fríos son diciembre, enero y febrero.

—¿Son diciembre, enero y febrero meses de invierno o meses de verano?

—Son meses de invierno.

—Ustedes saben la lección muy bien hoy.

1. ¿Cuál es el primer mes del año? 2. ¿Cuál es el segundo mes? ¿El tercer mes? 3. ¿Cuál es el último mes del año? 4. ¿Es enero el primer mes del año o el último mes? 5. ¿Es diciembre el primer mes o el último mes? 6. ¿Viene marzo antes o después de abril? 7. ¿Viene abril antes o después de mayo? 8. ¿Cuántos meses tiene el año? 9. ¿Cuántos días tiene el mes? 10. ¿Cuántos días hay en el mes de febrero? ¿En el mes de septiembre? 11. ¿Es julio un mes de verano o de invierno? 12. ¿Es enero un mes de invierno o un mes de verano?

B. EJERCICIO ORAL

Yo *me levanto* a las siete. ¿A qué hora se *levanta* usted cada mañana? Mi hermano se *levanta* a las siete también. A veces cuando no tenemos que ir a la escuela *nos levantamos* más tarde. Mis padres se *levantan* a las seis y media.

Yo *me lavo* las manos antes de comer. Juan se *pone* los guantes antes de salir. Elena se *desmayó* con el calor.

Aquí se *habla* español. En el Brasil se *habla* portugués. En el Canadá se *habla* inglés.

1. ¿A qué hora se levanta usted todas las mañanas? 2. ¿Se levanta usted a la misma hora los sábados y domingos o se levanta más tarde? 3. ¿A qué hora se levanta su hermano? 4. ¿A qué hora se levantan sus padres? 5. ¿A qué hora se levantó usted esta mañana? 6. ¿A qué hora se levantó su hermano esta mañana? 7. ¿A qué hora se levantaron sus padres? 8. ¿Se lava usted las manos antes o después de comer? 9. ¿Se lava usted la cara antes o después de levantarse? 10. ¿Cuántas veces al día se lava usted las manos? 11. ¿Qué idioma se habla en los Estados Unidos? 12. ¿Qué idioma se habla en México? 13. ¿Qué idiomas se hablan en estos países: Cuba, Francia, Portugal, España? 14. ¿Se habla español o portugués en el Brasil?

C. REPASO

1. ¿Cómo se llama usted? 2. ¿Cómo se llama su amigo? 3. ¿Cómo se llama su profesor de español? 4. ¿Es julio un mes de invierno o un mes de verano? 5. ¿Viene julio antes o después de junio? 6. ¿Qué mes viene después de julio? 7. ¿Es enero un mes frío o un mes caluroso? 8. ¿Cuál es su mes favorito? 9. ¿Cuántos días hay en el mes de enero? 10. ¿Cuántos días hay en el mes de febrero? 11. ¿Se levanta usted tarde

o temprano todos los días? 12. ¿Se levantó usted tarde o temprano esta mañana? 13. ¿Es fácil o difícil para usted levantarse temprano? 14. ¿Por qué es más difícil levantarse temprano en el invierno que en el verano?

1. ¿A qué hora tiene que levantarse usted cada mañana? 2. ¿A qué hora tiene que salir usted de su casa? 3. ¿A qué hora tiene que estar usted en la escuela? 4. ¿A qué hora terminan sus clases todos los días? 5. ¿A qué hora termina su clase de español? 6. ¿A qué hora terminó ayer su clase de español? 7. ¿A qué hora llegó usted a la escuela? 8. ¿A qué hora salió usted de su casa? 9. ¿Vino usted a la escuela a pie o en el metro? 10. ¿Cuáles son los días de la semana? 11. ¿Cuáles son los meses del año? 12. ¿Cuántos días hay en una semana? 13. ¿Cuántos meses hay en un año? 14. ¿Cuántos minutos hay en una hora? 15. ¿Cuántos segundos hay en un minuto? 16. ¿En qué calle vive usted? 17. ¿Cuántas clases diferentes de frutas puede usted nombrar? 18. ¿Es la naranja una fruta dulce o agria?

Vocabulario: nombre, importante, correcto, pregunta, general, caluroso, verano, levantarse, mano, padre, tarde, lavarse, guantes, desmayarse, cara, minuto, enero, febrero, marzo, abril, mayo, junio, julio, agosto, septiembre, octubre, noviembre, diciembre.

Use las siguientes frases en oraciones:

por supuesto	más temprano
hacer preguntas	a qué hora
a veces	tener que
más tarde	llegar a

43

LECCION 13

PROGRESO

El padre de Pedro quiere saber si progresa su hijo en los estudios. Un día le pregunta:

—Pedro, ¿cómo vas en la escuela? ¿Qué asiento ocupas en tu clase?

—El veintiuno —contesta Pedro.

—¿Y cuántos alumnos hay en clase?

—Veintiuno, papá.

Pasan algunas semanas. Pedro, que es un mal alumno y estudia muy poco, trae a casa las notas de sus exámenes.

—¿Cómo vas en la escuela ahora? —le pregunta el padre—. Tus notas no me parecen muy buenas.

—Voy mucho mejor, papá —contesta Pedro.

—¿Qué asiento ocupas ahora?

—El veinte.

—Bueno, entonces adelantaste un puesto.

—No, papá. Uno de los alumnos se fue de la clase. Su familia se mudó para otra ciudad.

1. ¿Qué quiere saber el padre de Pedro? 2. ¿Qué le pregunta a Pedro? 3. ¿Qué asiento ocupa Pedro en la clase? 4. ¿Cuántos alumnos hay en la clase? 5. ¿Es Pedro un buen o un mal alumno? 6. ¿Estudia mucho o poco? 7. ¿Qué trae Pedro a su casa después de algunas semanas? 8. ¿Son buenas o malas las notas de Pedro? 9. Según Pedro, ¿va él mejor o peor ahora en sus estudios? 10. ¿Qué asiento ocupa él ahora en la clase? 11. ¿Por qué adelantó un puesto? 12. ¿Por qué se fue uno de los alumnos de la escuela?

B. EJERCICIO ORAL

Yo busco *el libro*. Yo *lo* busco. Yo encontré *mi pluma*. Yo *la* encontré. Yo leí *esos libros* el verano pasado. Yo *los* leí el verano pasado. Manuel abrió *las ventanas*. Manuel *las* abrió.

Busco *a Juan*. *Lo* busco. Anoche llamé a *Elena* por teléfono. Anoche *la* llamé. El enseña a *Román* y *Enrique*. El *los* enseña. Enseña también a *Elena* y *María*. *Las* enseña también.

El *me* escribió una carta. Yo *le* escribí (a él) una carta. Yo *le* escribí (a usted) una carta desde México. *Les* mandé (a ellos) un regalo desde California.

Me *gusta* mucho el clima de California. ¿*Le gusta* (a usted) este libro? A Juan no le *gustan* estos ejercicios. A María le *gusta* mucho ir al cine. Nos *gusta* mucho hablar en español. ¿Le *gusta* (a usted) *bailar*?

45

1. ¿Quién les enseña español a ustedes? 2. ¿Quién le escribió a usted una carta desde México? 3. ¿Cuántos exámenes cada mes les da a ustedes el profesor? 4. ¿Le gustan a usted los exámenes? 5. ¿Les gustan los exámenes a los otros alumnos? 6. ¿Quién le ayuda a usted a estudiar? 7. ¿Les habla a ustedes el profesor en inglés o en español? 8. ¿Qué le parece el clima de Nueva York? 9. ¿Qué le parecen los ejercicios de este libro? 10. ¿Qué le parece el tiempo hoy? 11. ¿Guarda usted sus libros al fin del curso o los vende? 12. Si los vende, ¿dónde los vende? 13. ¿En cuánto los vende? 14. ¿Les da el profesor a ustedes mucho o poco trabajo? 15. ¿Quién les explica a ustedes las reglas gramaticales?

1. ¿Le gusta a usted leer las anécdotas? 2. ¿De quién se trata en la anécdota de esta lección? 3. ¿Progresa usted mucho en español? 4. ¿Progresa su amigo Juan? 5. ¿Sacó usted buenas o malas notas en sus últimos exámenes? 6. Por regla general, ¿saca usted buenas o malas notas en sus estudios? 7. ¿Le parece a usted fácil o difícil la gramática española? 8. ¿Qué le parece más difícil, la gramática española o la gramática inglesa? 9. ¿Qué le parece más interesante, leer o hablar español? 10. ¿Quién le parece más bonita, María o Elena? 11. ¿Quién le parece más alto, Pedro o Juan? 12. ¿Quién le parece mejor alumno, Ricardo o Enrique? 13. ¿Le gusta bailar a usted? 14. ¿Qué le gusta más, leer o hablar en español? 15. ¿Qué idioma le gusta más, inglés o español?

1. ¿A quién escribe usted cartas? 2. ¿De quién recibe usted cartas? 3. ¿A quién escribió usted una carta ayer? 4. ¿De quién recibió usted una carta ayer? 5. ¿Escribe usted sus cartas a lápiz o a pluma? 6. ¿En

qué sala de clases estudian ustedes español? 7. ¿En qué cuarto está usted ahora? 8. ¿Cuántos cuartos hay en su casa? 9. ¿Cuántos idiomas habla su profesor? 10. ¿Habla usted español en casa? 11. ¿Cuántos son doce por seis? ¿Ocho por cinco? ¿Nueve por siete? 12. ¿Cuántos días tiene un año? 13. ¿Tiene usted un reloj? ¿Qué hora es? 14. ¿Cuál es el mes del año que a usted le gusta más? 15. ¿Cuál es el día de la semana que a usted le gusta más? 16. Por regla general, ¿qué hace usted los sábados por la noche? ¿Qué hace los domingos por la tarde? 17. ¿Cuáles son los días de la semana? 18. ¿Cuáles son los meses del año?

Vocabulario: progresar, preguntar, puesto, contestar, nota, examen, parecer, adelantar, familia, mudarse, ciudad, encontrar, llamar, teléfono, clima, gustar, bailar, ayudar, regla, gramática, desde, tratar, sacar, anécdota, película, asiento.

Use las siguientes frases en oraciones:

querer saber	que le parece
progresar	tratarse de
a *otra* ciudad	al fin de
llamar por teléfono	por regla general
ir al cine	

LECCION 14

UN AMERICANO EN SEVILLA

Un turista americano visitaba Sevilla acompañado de un guía de allí. El sevillano llevó al extranjero delante de un monumento del tiempo de los árabes que se llama la *Torre del Oro*.

—¡Qué bonita! —dijo el turista. —¿Cuánto tiempo tardaron en hacer esto?

El guía, extrañado de esta pregunta que no sabía contestar, por decir algo y salir del paso le contestó:

—Creo que los árabes tardaron unos cien años en hacerla.

—¡Caramba! ¡Cuánto tiempo! En los Estados Unidos podemos hacer esto en seis meses.

No le gustó al sevillano esta respuesta, pero siguió su itinerario turístico enseñándole al extranjero los monumentos más importantes de Sevilla. El turista americano hacía las mismas exclamaciones y la misma impertinente pregunta delante de cada nuevo monumento: "¿Cuánto tiempo tardaron en hacer esto?" Aunque el andaluz iba rebajando el número de años en que, según él, se hicieron los monumentos de Sevilla, siempre el turista contestaba al final: "En los Estados Unidos podemos hacer esto en unos meses..."

Cansado de esta contestación, el guía llevó al turista por las estrechas y torcidas calles de Sevilla hasta llegar al pie de la *Giralda*. (*)

— ¡Ah! ¡Esta torre sí que es hermosa! ¡Qué elegante! Y ... ¿cuánto tiempo tardaron en hacerla?

—Mire usted, señor. No puedo decirlo porque anoche pasé por aquí y esto aún era un solar.

1. ¿Quién visitaba Sevilla? 2. ¿Quién le acompañaba? 3. ¿Cuál fue el primer monumento que visitaron? 4. ¿Qué dijo el turista y qué pregunta hizo? 5. ¿Qué contestó el guía para salir del paso? 6. ¿Qué comentó el turista? 7. ¿Le gustó al guía el comentario del turista? 8. ¿Siguió el guía su itinerario turístico o no? 9. ¿Qué hacía el turista americano delante de cada monumento? 10. ¿Qué contestaba siempre el turista al final? 11. ¿Cómo eran las calles por las que pasaron? 12. ¿Al pie de qué monumento llevó el guía al turista? 13. ¿Le gustó al americano la *Giralda?* 14. ¿Cuál fue la pregunta del turista sobre la *Giralda?* 15. ¿Qué le contestó el guía?

B. EJERCICIO ORAL

El *le* da a ella muchos regalos. Ellos también *le* dan a él muchos regalos. Yo *les* escribí a ustedes ayer. Yo *les* mandé *a ellos* una carta desde Madrid.

(*) Torre árabe de la catedral de Sevilla.

A *mí* me gusta mucho el clima de España. A *él* le gusta mucho nadar. A nosotros *nos* gusta caminar por el parque los domingos. A ellos no *les gustó* la fiesta de anoche. ¿*Les* gusta a *ustedes* leer libros en español?

Este libro es *para mí,* no es *para usted.* Esos son *para él.* Voy al cine *con ella.* Juan no quiere ir al parque *con nosotros.* Yo no quiero hablar *con ellos.* Elena no quiere ir *conmigo* a la fiesta. Dice que quiere ir *contigo.*

1. ¿Habla el guía con el turista en español o en inglés? 2. ¿Habla el profesor con usted en inglés o en español? 3. ¿Qué le gusta más a ella, nadar o bailar? 4. ¿Qué le gusta más a usted, bailar o nadar? 5. ¿Es para él o para ella esta revista? 6. ¿Dónde está sentado Juan, delante de nosotros o detrás de nosotros? 7. ¿Le parecen extrañas a usted las calles estrechas y torcidas de Sevilla? 8. ¿Son estas revistas para nosotros o para ellos? 9. ¿Por qué no quiere usted ir conmigo al cine esta noche? 10. ¿Con quién fue Juan a la fiesta anoche, con ella o con ustedes?

C. REPASO

1. ¿De dónde era el turista de esta historia? 2. ¿De dónde era el guía? 3. ¿Cómo se llama a la gente de Sevilla? 4. ¿Es la *Torre del Oro* un monumento árabe o cristiano? 5. ¿Cuánto tarda usted en estudiar una lección? 6. Según el guía, ¿cuánto tiempo tardaron en hacer la *Torre del Oro?* 7. Según el americano, ¿en cuánto tiempo se podía hacer la *Torre del Oro* en los Estados Unidos? 8. ¿Es correcto contestar cualquier cosa por salir del paso? 9. ¿Era impertinente el turista? ¿Por qué? 10. ¿Qué hacía el guía con el número de años en que se hicieron los monumentos de Sevilla? 11. ¿Está

usted cansado de este ejercicio? 12. ¿Estuvo usted al pie del *Empire State Building* alguna vez? 13. ¿Es elegante este edificio? 14. ¿Pasó usted anoche por la *Giralda?*

1. ¿Come usted siempre en casa o come a veces en un restaurante? 2. ¿En qué restaurante come usted? 3. ¿Qué le gusta más, comer en casa o comer en un restaurante? 4. ¿Cuántos días por semana tiene que ir usted a la escuela? 5. ¿Qué hace usted cuando tiene sed? 6. ¿Qué hace usted cuando tiene hambre? 7. Cuando yo tengo dolor de cabeza tomo una aspirina. ¿Qué hace usted cuando tiene dolor de cabeza? 8. ¿Qué hace usted cuando tiene frío? ¿Y cuando tiene calor? 9. ¿Pone usted mucha o poca atención en la clase? 10. ¿Ponen los otros alumnos mucha o poca atención en la clase? 11. ¿De quién es el cuaderno? 12. ¿De quién son esos libros? 13. ¿Son aquellas sillas blancas o negras? 14. ¿Son esos hombres sus amigos o amigos de Eduardo? 15. ¿Cuánto pagó usted por este libro? 16. ¿Sabe usted cuánto le pagó el turista al guía? 17. ¿Le gusta a una persona gorda rebajar algunas libras?

Vocabulario: guía, turista, extranjero, monumento, extrañarse, itinerario, exclamaciones, impertinente, rebajar, torcer, torcido, al pie, elegante, solar.

Use las siguientes frases en oraciones:

acerca de	al final
una vez	cansado de
entrar en	llevarlo por
por decir algo	¿se hace esto ... ?
salir del paso	

LECCION 15

EN EL RESTAURANTE

Camarero:—¿Qué va a comer usted, señor?

Juan: —El menú, por favor.

Camarero:—Aquí lo tiene usted. En seguida le traigo los cubiertos.

Juan: —¿Pero, no está aquí todo?

Camarero:—No, señor. Faltan una cuchara y una cucharita.

Juan: —Voy a ver el menú.

Camarero:—El pescado está muy bueno hoy.

Juan: —No me gusta el pescado. Además, tengo muy poco apetito. ¿Qué clase de sopa tienen?

Camarero:—Tenemos sopa de pollo y sopa de legumbres.

Juan: —Voy a pedir (*) sopa de pollo. ¿Qué clases de sandwiches tienen?

Camarero:—Tenemos toda clase de sandwiches —de jamón, de pollo, de tomate y lechuga.

Juan: —Hágame el favor de traerme un sandwich de tomate y lechuga.

Camarero:—Muy bien.

(Cinco minutos más tarde)

Juan: —Camarero, este plato que me acaba de traer está mojado.

Camarero:—Esa es su sopa, señor.

1. ¿Qué es lo primero que le dice el camarero a Juan? 2. ¿Qué quiere ver Juan? 3. ¿Qué cubiertos faltan en la mesa? 4. ¿Cuál es la diferencia entre una cuchara y una cucharita? 5. ¿Cuál es más grande, una cuchara o una cucharita? 6. ¿Tiene Juan mucho o poco apetito hoy? 7. ¿Le gusta o no le gusta a Juan el pescado? 8. ¿Qué sopa pide (*) él? 9. ¿Qué clases de sandwiches tienen hoy? 10. ¿Qué clase de sandwich pide Juan? 11. ¿Cómo se dice en español "please"? 12. ¿Qué le trae el camarero a Juan? 13. ¿Qué dice Juan sobre el plato que el camarero acaba de traer? 14. ¿Cómo se traduce al inglés "acaba de traer"? 15. ¿Qué le contesta el camarero a Juan?

B. EJERCICIO ORAL

a) El nos dio el dinero. El *nos* lo dio. Juan me escribió una carta desde México. Juan *me la* escribió desde México. María me mandó los libros ayer. María *me los* mandó ayer.

(*) Pide—verb *pedir* (to ask for, to order).

Yo le escribí (a él) la carta desde Nueva York. Yo *se la* escribí desde Nueva York. Enrique le dio a ella el dinero. Enrique *se lo* dio a ella. El profesor les explicó las reglas muy bien. El profesor *se las* explicó muy bien.

b) Ayer yo vi a Juan en el parque. El no me *vio.* Anoche *vimos* una buena película. *Vieron* a Elena en el parque.

Le *di* la pluma a Juan. Me dio un bonito regalo a mí. *Dimos* con Ricardo en la calle. Me *dieron* las últimas noticias.

Le *traje* muchas cosas de México. El me *trajo* su libro. *Trajimos* a algunos amigos a la fiesta. *Trajeron* unas revistas de España.

1. ¿Qué película vieron ustedes en el cine anoche? 2. ¿A quién trajo usted a la fiesta anoche? 3. ¿A quién vendió usted sus libros al fin de curso el año pasado? 4. ¿Se los vendió a Juan o a otra persona? 5. ¿A qué precio se los vendió? 6. ¿Le trajo el cartero a usted muchas o pocas cartas ayer? 7. ¿Se las trajo por la mañana o por la tarde? 8. Por regla general, ¿se las entrega por la mañana o por la tarde? 10. Su pluma es muy bonita. ¿Quién se la dio? 11. Este no es su libro. ¿Quién se lo dio a usted? 12. María tiene unas flores muy bonitas. ¿Sabe usted quién se las dio?

C. REPASO

1. ¿Quiénes toman parte en el diálogo de esta lección? 2. ¿Dónde tiene lugar el diálogo? 3. ¿Cuál es la diferencia entre un camarero y una camarera? 4. ¿Le gustan o no le gustan a usted los sandwiches? 5. ¿Cuál es su sandwich favorito? 6. ¿Es el tomate

una fruta o una legumbre? 7. ¿De qué color son los tomates? 8. ¿Le gusta o no le gusta la lechuga? 9. ¿Quién le escribió a usted una carta desde México? ¿Cuándo se la escribió? 10. ¿Quién le trajo una revista de España? ¿Cuándo se la trajo? 11. ¿Quién le dio esa pluma? ¿Cuándo se la dio? 12. ¿Quién me mandó este paquete? ¿Quién se lo dio a usted?

1. ¿Son los plátanos dulces o agrios? 2. ¿Son las naranjas dulces o agrias? 3. ¿Cómo se llama el árbol que da las manzanas? 4. ¿Cómo se llama el árbol donde crecen las peras? 5. ¿De qué color son las manzanas? ¿Los plátanos? ¿Las peras? 6. ¿Come usted mucha o poca fruta? 7. ¿Qué periódico lee usted todos los días? 8. ¿Qué periódico leyó usted esta mañana? 9. ¿A qué hora se levanta usted todos los días? 10. ¿A qué hora se levantó usted esta mañana? 11. ¿Es nuevo o viejo su libro de español? 12. ¿Es usted alto o bajo? 13 ¿Viene usted a la escuela antes o después de Juan? 14. ¿Cómo viene usted a la escuela, a pie o en metro? 15. ¿A qué hora llegó usted a la escuela? 16. ¿Cómo saludó usted al profesor al entrar en la clase?

Vocabulario: favor, seguida, cubierto, faltar, cuchara, cucharita, pescado, además, apetito, sopa, pollo, legumbre, sandwich, jamón, tomate, lechuga, acabar, mojado, camarero, traducir, entregar, diálogo, parte, lugar, paquete, flor, lista.

Use las siguientes frases en oraciones:

hágame el favor de
en seguida
faltar algo
la diferencia entre
como se dice

como se traduce
dar con
por la mañana
por la tarde

LECCION 16

TENIA DOS GUAGUAS

Todas las naciones hispanoamericanas hablan la misma lengua: el español. Pero hay ciertas palabras que tienen significado muy distinto en los diferentes países de Hispanoamérica. Una de estas palabras es "guagua". En Chile se llama así a los niños pequeños, pero en Cuba se llama guagua a un autobús. Ahora veamos cómo esta palabra, por poco causa una catástrofe matrimonial.

Una jovencita cubana, con muchas ganas de casarse, vivía en Nueva York con su mamá. En una fiesta conoció a un chileno de mediana edad, calvo, gordo, pequeño y con un gran bigote. Pocos días después el chileno se le declaró diciéndole:

—Tengo que decirle la verdad. Soy viudo. Lo único que tengo son dos guaguas que me dejó mi mujer al morir. Mi mamá las cuida en Santiago. ¿Se encargaría usted de ellas?

La cubana pensaba: —No es muy guapo, pero... ¡Dos guaguas son dos guaguas! Tiene dinero. Y le aceptó.

Unos días después la cubanita, sin poder resistir más su curiosidad, le dijo a su novio:

—Tengo muchas ganas de saber cómo son sus guaguas. ¿Tiene una foto de ellas?

Al enseñarle el chileno la foto de sus dos hijitas, la cubana por poco se desmaya. Desde luego, no hubo boda.

1. ¿Qué lengua hablan todas las naciones hispanoamericanas? 2. ¿Tienen las palabras españolas el mismo significado en todas partes o pueden tener diferente

significado? 3. ¿Qué significa la palabra guagua en Chile? 4. ¿Y en Cuba? 5. ¿Dónde vivía la jovencita cubana? 6. ¿A quién conoció en una fiesta? 7. ¿Cómo era el chileno? 8. ¿Quién era viudo? 9. ¿Qué es lo único que tiene el chileno? 10. ¿Quién cuida a las hijitas del chileno? 11. ¿Qué pensaba la cubana? 12. ¿De qué tenía muchas ganas la chica? 13. ¿Qué le pasó a la cubana al ver la foto? 14. ¿Hubo o no hubo boda? 15. ¿Fue sincero el chileno?

B. EJERCICIO ORAL

a) Juan quiere *aprender* español. El sabe *hablar* francés bien. Deben *estudiar* más.

María aprende a *nadar*. El nos enseña a *bailar*. Tratamos de *llegar* a tiempo.

b) Yo *voy a estudiar* portugués el año que viene. Ellos *van a ir* a México el próximo mes. *Vamos a pasar* nuestras vacaciones en México. Juan *va a hacer* un viaje a Chile.

1. ¿Por qué no quiere ir usted al cine? 2. ¿Cuántas horas debe usted estudiar cada noche? 3. ¿Puede usted hablar español bien? 4. Según la historieta de esta lección, ¿qué es lo único que tenía el chileno? 5. ¿Se desmayó usted alguna vez? 6. ¿Qué va a hacer usted esta noche? 7. ¿Dónde va a pasar las vacaciones el verano que viene? 8. ¿Dónde va a pasar usted las vacaciones? 9. Después de aprender español, ¿qué otro idioma va a estudiar usted? 10. ¿A qué hora va usted a comer esta noche? 11. ¿Dónde va a comer, en casa o en un restaurante? 12. ¿A qué hora va a salir de la escuela hoy?

C. REPASO

1. ¿Cómo se llaman en Chile a los niños pequeños?
2. ¿Cómo se llama en Cuba a los autobuses? 3. ¿Conocemos a veces gente interesante en las fiestas? 4. ¿Es el profesor un hombre de mediana edad? 5. ¿Conoce usted a un hombre pequeño, gordo y calvo? 6. ¿Tenía bigote el chileno? 7. ¿Era un hombre sincero? 8. ¿Era sincera la cubana? 9. ¿Pueden las mujeres resistir la curiosidad mejor que los hombres? 10. ¿Tiene usted ganas de saber cómo son los muchachos (las muchachas) de Hispanoamérica? 11. ¿Tiene usted una foto de su mamá ahí, con usted? 12. ¿Se desmayó el profesor en la clase alguna vez? 13. ¿Vio usted una boda alguna vez? 14. ¿Cómo se traduce al inglés *desmayarse?*

1. ¿De qué país es usted? 2. ¿De qué nacionalidad es su profesor de español? 3. ¿En qué diferentes países se habla español? 4. ¿Qué idioma se habla en Portugal? ¿En México? ¿En Francia? 5. ¿Dónde pasó usted las vacaciones el verano pasado? 6. ¿Dónde va a pasar las vacaciones el verano que viene? 7. ¿A dónde fue usted anoche con Juan? 8. ¿A dónde fueron Elena y Raquel anoche? 9. ¿Qué película vio usted en el cine el sábado por la noche? 10. ¿Le gusta ir al cine? 11. ¿Cuántas veces a la semana va usted al cine? 12. ¿Les da el profesor a ustedes mucho o poco trabajo? 13. ¿Les habla el profesor a ustedes en español o en inglés? 14. ¿Vende usted sus libros al fin del curso o los guarda? 15. Si los vende, ¿a qué precio los vende? 16. ¿A quién se los vende?

Vocabulario: nación, distinto, guagua, causar, catástrofe, matrimonial, jovencita, casarse, mediana edad, calvo, bigote, declararse, viudo, cuidar, encargarse, guapo, aceptar, resistir, curiosidad, foto, desmayarse, boda.

Use las siguientes frases en oraciones:

con muchas ganas de

se le declaró

¿Se encargaría usted de . . . ?

sin poder resistir la curiosidad

se llama así

por un poco más

ahora veamos

desde luego

la semana pasada

LECCION 17

LOS NUMEROS ORDINALES

Hoy el señor López dice que nos quiere enseñar los números ordinales.

—Los números ordinales no son difíciles de aprender, dice él. Ya nosotros sabemos las palabras *primero*, *segundo* y *tercero*, porque las aprendimos en lecciones anteriores. Ahora, ¿cuál es el número ordinal que corresponde al número cardinal *cuatro*?

—*Cuarto*.

—Muy bien, Juan. Ahora, ¿cuál es el número ordinal que corresponde al número cardinal *cinco*?

—*Quinto*.

—¿Y cuál es el número ordinal que corresponde al número cardinal *seis*?

—*Sexto*.

—¿Y cuáles son los que corresponden a *siete, ocho, nueve* y *diez*?

—*Séptimo, octavo, noveno* y *décimo*.

—Muy bien.

—¿Se usan mucho los números ordinales en español, profesor?

—Sí, se usan mucho. Pero creo que se usan con menos frecuencia en español que en inglés. En español uno dice: "Yo vivo en el *séptimo* piso". "Voy por la *Quinta* Avenida". "Marzo es el *tercer* mes del año". Pero, por otra parte, uno también dice: "Hoy es el día *doce*". "Vamos a estudiar la lección *dieciocho*". "Viven en la calle *diez*".

—¿Tienen las calles en las ciudades de Suramérica números o nombres?

—Las calles casi siempre tienen nombres. Solamente en las ciudades grandes tienen a veces números en vez de nombres.

1. ¿Qué quiere enseñarnos el profesor hoy? 2. ¿Son fáciles o difíciles de aprender los números ordinales? 3. ¿Cuáles son más fáciles de aprender, los números ordinales o los números cardinales? 4. ¿Dónde aprendimos las palabras *primero, segundo* y *tercero?* 5. ¿Cuál es el número ordinal que corresponde al número cardinal *cuatro?* 6. ¿Cuál es el número ordinal que corresponde al número cardinal *cinco?* 7. ¿Cuál es el número ordinal que corresponde al número cardinal *seis?* 8. ¿Cuáles son los números ordinales que corresponden a los números cardinales *siete, ocho, nueve* y *diez?* 9. ¿Se usan mucho los números ordinales en español? 10. ¿Se usan los números ordinales en español con más frecuencia o con menos frecuencia que en inglés? 11. ¿Tienen las calles en las ciudades de Suramérica nombres o números? 12. ¿Tienen las calles en las ciudades de los Estados Unidos nombres o números?

B. EJERCICIO ORAL

a) Yo me pongo los guantes *antes de salir.* Estoy *cansado de estudiar* la gramática. *Al llegar* a su casa, María se desmayó. *Después de comer,* yo siempre hablo un poco con mi padre.

b) El va a mandarme la carta. El va a *mandármela.* Tengo que darle el dinero. Tengo que dárselo. Estoy cansado de decirle eso. Estoy cansado de *decírselo.* No quisieron darnos el paquete. No quisieron *dárnoslo.* Van a traerme los libros mañana. Van a *traérmelos* mañana.

c) Yo *hice* mucho trabajo ayer. ¿Qué *hizo* usted anoche? *Hicimos* muchas cosas interesantes ayer. No *hicieron* bien sus ejercicios.

61

No le *dije* nada. ¿Qué *dijo* él? Le *dijimos* la verdad. No *dijeron* nada.

Quise ir al cine anoche. El no *quiso* ir con nosotros. *Quisimos* hacerlo ayer. *Quisieron* hacer un viaje a México.

Vine en autobús. ¿Cómo *vino* usted a la escuela esta mañana? *Vinimos* a pie. *Vinieron* juntos a la fiesta anoche.

1. Si esta pluma es de Juan, ¿por qué no quiere usted dársela? 2. Si esa anécdota es interesante, ¿por qué no quiere usted contármela? 3. Si usted sabe el nombre de ese muchacho, ¿por qué no quiere decírmelo? 4. ¿Se pone usted el sombrero antes o después de salir? 5. ¿Por qué dice Juan que está cansado de estudiar español? 6. Al salir de su casa esta mañana, ¿a quién vio usted en la calle? 7. ¿Se lava usted las manos antes o después de comer? 8. ¿Por qué no quiso usted ir al cine anoche? 9. ¿Por qué no quiso ir Juan? 10. ¿Hizo usted mucha o poca tarea anoche en su casa? 11. ¿Qué hicieron Elena y Raquel ayer por la tarde? 12. ¿Vino usted a la escuela esta mañana a pie o en autobús? 13. ¿Cómo vino Eduardo a la escuela? 14. ¿Cómo vinieron los otros alumnos?

C. REPASO

1. ¿Cuáles son los números cardinales del uno al diez? 2. ¿Cuáles son los números ordinales del uno al diez? 3. ¿Cuál es el primer mes del año? ¿El segundo mes? ¿El séptimo? 4. ¿En qué piso vive Juan, en el tercero o en el cuarto? 5. ¿En qué piso vive usted? 6. ¿En qué piso de la escuela tienen ustedes su clase de español? 7. ¿Cuántos pisos hay en el edificio?

8. ¿Cuál es más difícil de encontrar, una calle con nombre o una calle con número? 9. ¿Quién les enseñó gramática a ustedes? 10. ¿Quién dice que va a enseñarles a ustedes los números ordinales en español? ¿Cuándo va a enseñárselos?

1. ¿Es agosto un mes de verano o un mes de invierno? 2. ¿Cuántos meses hay en un año? 3. ¿Cuántos años hay en un siglo? 4. ¿En qué siglo vivió George Washington? 5. ¿En qué siglo vivimos nosotros? 6. ¿Le gusta o no le gusta a usted levantarse temprano? 7. ¿A qué hora se levantó usted esta mañana? 8. ¿A qué hora desayunó? 9. ¿A qué hora salió de su casa? 10. ¿A qué hora llegó a la escuela? 11. ¿Fue a la escuela solo o con un amigo? 12. ¿Cuánto tiempo tardó usted en llegar a la escuela? 13. ¿Llegó usted a tiempo o tarde? 14. ¿Se pone bravo el profesor si los alumnos llegan tarde a la clase? 15. ¿Qué tienen que hacer ustedes si llegan tarde a la clase?

Vocabulario: número, ordinal, cardinal, anterior, corresponder, sexto, séptimo, octavo, noveno, décimo, frecuencia, piso, ciudad, Suramérica, en vez de, porque, contar, edificio, bravo.

Use las siguientes frases en oraciones:

difícil de hacer	en vez de
fácil de hacer	cansado de
corresponder a	al salir
con más frecuencia	tardar en
por otra parte	

LECCION 18

EL MUCHACHO Y LAS MANZANAS

Un muchacho joven está en el octavo grado. Es buen alumno. Le gusta en particular la aritmética. Puede hacer fácilmente todos los problemas de su libro de aritmética. Un día pasa por una calle donde hay una frutería. En la vidriera hay un anuncio que dice: "Manzanas —seis por cinco centavos". El muchacho mira un momento el anuncio —entonces hace unos cálculos mentales. Entra en la tienda y pregunta:

—Señor, ¿cuánto valen las manzanas?

—Seis por cinco centavos —contesta el hombre.

—Pero yo no quiero seis manzanas.

—¿Cuántas quiere usted?

—No se trata del número que yo quiero. Es solamente un problema de aritmética.

—¿Un problema de aritmética?

—Sí, señor. Si seis manzanas valen cinco centavos, cinco manzanas valen cuatro centavos, cuatro valen tres centavos, tres valen dos centavos, dos valen un centavo,

y una . . . nada. Señor, yo quiero una manzana nada
más. Muchas gracias y adiós.

El muchacho escoge una manzana buena y sale de
la tienda. El hombre está tan sorprendido que no puede
decir nada.

1. ¿En qué grado está el muchacho de este cuento?
2. ¿Es un buen o mal alumno? 3. ¿Qué asignatura
le gusta a él en particular? 4. ¿Qué puede hacer él fácilmente? 5. ¿Por dónde pasa un día? 6. ¿Qué anuncio
hay en la vidriera? 7. ¿Qué hace el muchacho después
de mirar el anuncio? 8. ¿Qué pregunta le hace él al
hombre? 9. Según el hombre, ¿cuánto valen seis manzanas? 10. Según el muchacho, ¿cuánto valen cinco
manzanas? 11. Según el muchacho, ¿cuánto valen cuatro manzanas? ¿Cuánto valen tres? ¿Dos? ¿Una?
12. ¿Qué escoge el muchacho? 13. ¿De dónde sale?
14. ¿Por qué el hombre no puede decir nada?

B. EJERCICIO ORAL

Anoche *yo estuve* dos horas en la casa de Juan.
Usted no *estuvo* en la clase ayer. *Estuvimos* en Cara-
cas dos semanas. *Estuvieron* en casa todo el día.

No *pude* comunicarme con él. Juan no *pudo* ir con
nosotros. No *pudimos* esperar más. *Pudieron* hacerlo
fácilmente.

No *tuve* tiempo. El no *tuvo* ningún dinero. *Tuvi-
mos* que esperar dos horas. *Tuvieron* muchas cosas que
hacer.

Lo *puse* sobre la mesa. El se *puso* bravo. Nos *pu-
simos* los abrigos.

Por fin *supe* su nombre. El no *supo* nada del asun-
to. Ellos *supieron* la noticia anoche.

1. ¿Dónde estuvo usted anoche? 2. ¿Quién estuvo con usted en el cine? 3. ¿Dónde estuvieron Raquel y Dolores anoche? 4. ¿Por qué no estuvieron ellas en la fiesta? 5. ¿A qué hora tuvo que levantarse usted esta mañana? 6. ¿A qué hora tuvo que llegar a la escuela? 7. ¿Cuándo supo usted del accidente del señor López? 8. ¿Por qué se puso bravo el profesor cuando Juan llegó tarde a la clase? 9. ¿Por qué no pudieron venir Antonio y su hermano a la escuela hoy? 10. ¿Hasta qué hora estuvo usted en la casa de su amigo anoche? 11. ¿Anduvo usted mucho o poco tiempo por el parque ayer? 12. ¿Quién estuvo con usted? 13. ¿Cuántos sellos puso usted en su carta? 14. ¿Cuánto tiempo estuvo enferma Raquel el mes pasado?

C. REPASO

1. ¿Qué asignaturas le gustan más a usted? 2. ¿Qué asignaturas estudia usted ahora? 3. ¿Le gusta o no le gusta la aritmética? 4. ¿Es fácil o difícil para usted la aritmética? 5. ¿Le gusta o no le gusta a usted mirar las vidrieras? 6. ¿Son bonitas las vidrieras de las tiendas en la Quinta Avenida? 7. ¿En qué estación del año son más bonitas las vidrieras? 8. Por regla general, ¿cuánto valen seis manzanas? 9. ¿Cuánto vale su libro de español? 10. ¿Cuánto vale un buen par de zapatos? ¿Un buen par de guantes?

1. ¿Dónde se pueden comprar periódicos? 2. ¿Dónde se pueden comprar guantes? 3. ¿Dónde se pueden comprar zapatos de hombre? 4. ¿Se usan los números ordinales con mucha o poca frecuencia en español? 5. ¿Se usa mucho o poco en español la forma reflexiva? 6. ¿Qué idioma se habla en México? 7. ¿Qué idiomas

se hablan en estos países: Canadá, Brasil, Argentina?
8. ¿Se puede aprender a hablar español bien en un año? 9. ¿Se pueden comprar periódicos los domingos? 10. ¿Qué va a hacer usted esta noche? 11. ¿Qué va a hacer usted por la noche? 12. ¿A qué hora va a levantarse usted mañana por la mañana? 13. ¿A qué hora desayuna usted todos los días? 14. ¿A qué hora va a desayunar usted mañana? 15. ¿Cuántos años vivió el señor López en México? 16. ¿Cuándo vino él a Nueva York? 17. ¿Cuánto tiempo estuvo usted en California el año pasado? 18. ¿Cuándo estuvo usted allí la última vez?

Vocabulario: grado, particular, aritmética, problema, frutería, vidriera, anuncio, mirar, cálculo, mental, tienda, valer, adiós, escoger, sorprendido, cuento, asigntura, abrigo, sello, estación, par, zapatos, reflexivo, comunicarse, noticia.

Use las siguientes frases en oraciones:

en particular	todo el día
pasar por	comunicarse con
entrar en	mucho que hacer
hacer preguntas	por fin
según él	

LECCION 19

ANTONIMOS—REPASO

fácil—difícil
alto—bajo
claro—oscuro
más—menos
cerca—lejos
nuevo—viejo
siempre—nunca
delante de—detrás de
debajo de—arriba de
sucio—limpio
aplicado—perezoso
algo—nada
comprar—vender
abrir—cerrar
agradable—desagradable
bonito—feo
calor—frío

antes—después
entrar—salir
venir—ir
primero—último
temprano—tarde
pequeño—grande
todo el mundo—nadie
dulce—agrio
verde—maduro
empezar—terminar
verano—invierno
preguntar—contestar
levantarse—acostarse
perder—encontrar
fuerte—débil
mojado—seco
posible—imposible

Algunos ejercicios de este libro son fáciles. Otros son difíciles. A veces los ejercicios gramaticales son difíciles, pero a Juan le gustan más que los otros. Por otra parte, Guillermo dice que los ejercicios gramaticales son los peores del libro y encuentra fáciles los ejercicios de conversación.

Ahora abrimos los libros, en la conversación de hoy. Luego cerramos los libros y escribimos un ejercicio de gramática.

Juan perdió su libro ayer y lo buscó por todas partes, pero no pudo encontrarlo en ninguna parte. ¿Sabe usted dónde venden estos libros? Guillermo compró su libro en una tienda de la Quinta Avenida.

Yo me levanto a las ocho. Me acuesto a las once. ¿A qué hora se acostó usted anoche?

68

Las frutas verdes son generalmente agrias. Las frutas maduras son dulces.

En invierno el cielo a menudo está oscuro y gris. En verano es casi siempre claro y azul.

Lo contrario de *mojado* es *seco*. Lo contrario de *empezar* es *terminar*. ¿Qué es lo contrario de *aplicado*? ¿De *alto*? ¿De *maduro*?

1. ¿Es alto o bajo su profesor de español? 2. ¿Vive usted cerca o lejos de la escuela? 3. ¿Su pluma es nueva o vieja? 4. ¿Dónde se sienta Juan, delante o detrás de usted? 5. ¿Es María una alumna aplicada o perezosa? 6. ¿Quién abrió la ventana? ¿Quién la cerró? 7. ¿Son bonitos o feos los cuadros que están en las paredes de su clase? 8. ¿Cuál es el primer mes del año? ¿Cuál es el último? 9. Por regla general, ¿se acuesta usted temprano o tarde? 10. ¿Es grande o pequeño el edificio en que usted estudia? 11. ¿A qué hora empieza su clase de español? ¿A qué hora termina? 12. ¿Es Eduardo un muchacho fuerte o débil? 13. ¿Están las calles secas o mojadas ahora? 14. ¿Es el señor Rodríguez un hombre joven o viejo?

B. EJERCICIO ORAL

Yo *cierro* las ventanas. Usted *cierra* su libro. Juan *cerró* la puerta cuando salió.

Yo *pienso* ir a Venezuela a pasar mis vacaciones. *Pensamos* estudiar una hora más de español cada día. Sus padres están en España y ellos *piensan* ir a verlos.

Yo *vuelvo* en seguida. El señor López siempre *vuelve* a su oficina a las dos. *Vuelven* por avión.

Yo *pierdo* muchos libros. Anoche María *perdió* su cartera. Ellos *pierden* mucho tiempo en esa clase.

Yo no *entiendo* lo que él dice. El *entiende* español bien. *¿Entendió* usted lo que dijo el profesor en la clase ayer?

1. ¿A qué hora empieza la clase de español 2. ¿A qué hora empezó la clase ayer? 3. Por regla general, ¿a qué hora se despierta usted por la mañana? 4 .¿A qué hora se despertó usted esta mañana? 5. ¿A qué hora se acuesta usted cada noche? 6. ¿A qué hora se acostó usted anoche? 7. ¿A qué hora se acostaron sus padres? 8. ¿Entiende usted bien el español? 9. ¿Entiende usted bien o mal al profesor cuando habla español? 10. ¿Lo entienden los otros alumnos bien o mal? 11. ¿Pierde usted muchos o pocos libros durante el año escolar? 12. ¿Cuándo fue la última vez que usted perdió algo de valor? ¿Qué perdió? 13. ¿Dónde se sienta usted en la clase, cerca o lejos de la pizarra? 14. ¿Dónde se sienta Juan?

C. REPASO

1. ¿Qué es lo contrario de *bajo?* 2. ¿Qué es lo contrario de *limpio, perezoso, después, feo, débil?* 3. ¿Cuál es la diferencia entre *despertarse* y *levantarse?* 4. ¿Cuál es la diferencia entre *acostarse* y *dormirse?* 5. ¿Tarda usted a veces mucho tiempo en dormirse después de acostarse? 6. ¿A qué hora se cierran las tiendas? 7. ¿A qué hora se abren? 8. ¿Almuerza usted en casa o en un restaurante? 9. ¿A qué hora almuerza usted generalmente? 10. ¿Cuál es la forma sustantiva del verbo *almorzar?* ¿Del verbo *desayunar?* 11. ¿Almuerza usted solo o con algunos amigos? 12. ¿Dónde almorzó usted ayer? 13. ¿Con quién almorzó usted ayer?

70

1. ¿Dónde estuvo usted anoche? 2. ¿Dónde estuvieron Ricardo y Alfonso? 3. ¿Qué hizo usted ayer por la tarde? 4. ¿A qué cine fue usted anoche? 5. ¿Qué película vio usted? 6. ¿Cuántas semanas estuvo María en el hospital? 7. ¿Quién le dio a usted ese anillo tan bonito? ¿Cuándo se lo dio? 8. ¿Por qué no pudo ir usted a la clase ayer? 9. ¿Por qué no pudieron ir Eduardo y su hermano? 10. ¿Quién le escribió a usted una carta en español? ¿Cuándo se la escribió? 11. ¿De qué país es el señor Gómez? 12. ¿Cuándo vino a este país? 13. ¿Cuántos años lleva él aquí? 14. ¿Dónde aprendió él a hablar inglés tan bien? 15. ¿Qué otros idiomas, además de inglés y español, habla él?

Vocabulario: nunca, cerrar, acostarse, seco, contrario, a menudo, empezar, sentarse, pensar, escolar, volver, oficina, avión, despertarse, perder, entender, dormir(se), almorzar, hospital, anillo, además de, sustantivo.

Use las siguientes frases en oraciones:

por regla general
a qué hora
pensar hacer
pensar *en*
lo que

ayer por la tarde
a menudo
lo contrario
lo difícil

71

LECCION 20

LAS ESTACIONES DEL AÑO

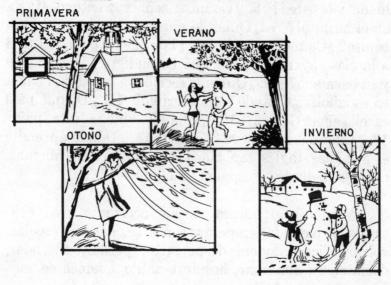

Profesor:—Hoy quiero decir algo sobre las estaciones del año. ¿Quién puede nombrar las cuatro estaciones del año en español?

Alumno: —Primavera, verano, otoño, invierno.

Profesor:—¿Y cuándo empieza la primavera?

Alumno: —La primavera empieza el 21 de marzo y termina el 21 de junio.

Profesor:—¿Y el verano?

Alumno: —El verano comienza el 21 de junio y termina el 21 de septiembre.

Profesor:—Bueno, Eduardo, ¿qué estación del año le gusta más?

Alumno: —Prefiero el verano. No hay clases y también casi siempre hace buen tiempo.

Profesor:—Pero a veces hace mucho calor en el verano.

Alumno: —No me importa. Puedo ir a la playa a nadar y sentarme a la sombra de los árboles.

Profesor: —Pedro, ¿cuál es su estación del año favorita? ¿Le gusta más el verano también?

Alumno: —A mí me gusta el hecho de que no hay clases, pero creo que prefiero el invierno.

Profesor: —¿Por qué? En el invierno hace mucho frío.

Alumno: —¡Verdad! Pero me encanta la nieve. También me siento mejor en el invierno.

Profesor: —¿Quién prefiere la primavera?

Alumno: —A mí me gusta mucho la primavera. Llueve muy a menudo; pero también hace mucho sol. Las flores se abren y las pájaros cantan.

Profesor: —Tiene usted razón.

1. ¿Cuáles son las cuatro estaciones del año? 2. ¿Cuándo empieza la primavera? 3. ¿Cuándo termina la primavera? 4. ¿En qué mes empieza el verano? 5. ¿En qué mes empieza el otoño? ¿En qué mes termina? 6. ¿Viene el verano antes o después del otoño? 7. ¿Viene el invierno antes o después de la primavera? 8. ¿Cuál estación del año le gusta más? 9. ¿En qué estación del año llueve mucho? 10. ¿En qué estación del año hace mucho calor? 11. ¿En qué estación del año hace más frío? 12. ¿En qué estación se abren las flores?

B. EJERCICIO ORAL

Yo no *me siento* bien hoy. María *se siente* mucho mejor hoy. Ellos *se sienten* un poco tristes porque no pudieron ir a la fiesta.

Yo siempre *duermo* bien. ¿*Duerme* usted bien? *Duermen* todas las mañanas hasta las once. Esta mañana *durmieron* hasta las doce. Yo *dormí* muy mal anoche.

Yo *prefiero* la primavera. María *prefiere* el verano. *Prefieren* volver más tarde.

El me *pide* muchos favores. Quiero *pedirle* un favor. Juan me *pidió* dinero anoche para ir al cine.

1. ¿Cómo se siente usted hoy? 2. ¿Cómo se siente su hermano? 3. ¿Se viste Elena con mucho o poco cuidado? 3. ¿Cuánto tiempo tarda usted en vestirse por la mañana? 4. ¿Durmió usted bien o mal anoche? 5. Por regla general, ¿duerme usted bien o mal? 6. ¿Cuántas horas duerme usted cada noche? 7. ¿Cuántas horas durmió usted anoche? 8. ¿Cuánto dinero le pidió a usted ese hombre en la calle? 9. ¿Se divierte usted siempre en los bailes de la escuela? 10. ¿Se divirtió usted en la última fiesta? 11. ¿Se divirtieron los otros alumnos? 12. ¿En qué forma se divirtieron ustedes?

C. REPASO

1. ¿Es el invierno en los Estados Unidos una estación fría o calurosa? 2. ¿Es el invierno en la Argentina una estación fría o calurosa? 3. ¿Qué prefiere usted, el verano o el invierno? 4. ¿Se siente usted mejor en el verano o en el invierno? 5. ¿Le gusta o no le gusta a usted caminar bajo la lluvia? 6. ¿Llueve con mucha o poca frecuencia en la primavera en los Estados Unidos? 7. ¿Hace buen o mal tiempo hoy? 8. ¿Hizo buen o mal tiempo ayer? 9. ¿Llovió ayer o hizo buen tiempo? 10. ¿Llueve más en la primavera o en el

invierno? 11. ¿Va usted a menudo a la playa? 12. ¿Sabe usted nadar bien? 13. ¿Quién le enseñó a usted a nadar? 14. ¿Nada usted bien o mal? 15. ¿A qué playa va usted con frecuencia? 16. ¿Hace sol hoy?

1. ¿Qué prefiere usted, el metro o el autobús? 2. ¿Cuál es más rápido, el metro o el autobús? 3. ¿No va usted nunca a la escuela a pie? 4. ¿Cuánto tiempo tarda usted en ir a la escuela? 5. ¿Cuánto tiempo tardó usted en ir a la escuela ayer? 6. ¿Cuánto es el pasaje en el autobús? 7. ¿Cuánto es el pasaje en el metro? 8. ¿Cuántos meses tiene el año? 9. ¿Cuáles son los meses de verano en los Estados Unidos? 10. ¿Cuáles son los meses de invierno en los Estados Unidos? 11. ¿Cuál es el mes más frío del año? 12. ¿Cuál es el mes más caluroso del año? 13. ¿Dónde vive usted? 14. ¿Vive usted cerca o lejos de la escuela? 15. ¿Cuántos cuartos tiene su casa? 16. ¿Son grandes o pequeños los cuartos? 17. ¿Es la sala de su casa grande o pequeña? 18. ¿Es el comedor de su casa grande o pequeño? 19. ¿Tiene muchas o pocas ventanas? ¿Es claro u oscuro?

Vocabulario: primavera, otoño, invierno, verano, preferir, casi, importar, playa, nadar, sombra, hecho, creer, verdad, encantar, nieve, sentirse mejor, llover, pájaros, cantar, razón, triste, pedir, vestirse, cuidado, lluvia, baile.

Use las siguientes frases en oraciones:

hace buen tiempo   sentarse a la sombra
hace frío   me encanta
hace calor   muy a menudo
hace sol   tener razón
no me importa

LECCION 21

UNA ANECDOTA

Andalucía es una región del sur de España. Los andaluces (la gente de Andalucía) tienen fama de graciosos y de exagerados. Cuando los españoles quieren contar algo gracioso, los personajes (las personas del cuento) son andaluces.

En un café de Madrid estaban sentados unos amigos. Empezaron a hablar de los ecos. Dijo uno:

—En mi pueblo hay una iglesia muy grande. Es tan grande que el eco repite cinco veces las palabras pronunciadas allí.

—Eso no es nada, dijo otro. En mi pueblo hay un eco mucho mejor, también en una iglesia. Allí el eco de una palabra pronunciada por la mañana se oye hasta por la tarde.

El tercero —que era un andaluz— por fin dijo:

—Señores, los ecos de que hablan ustedes son extraordinarios; pero no son nada en comparación con el eco de una iglesia de mi pueblo. Eco como ése no hay en ninguna parte.

—¿Y qué tiene de particular el eco de su pueblo?, preguntó uno de los amigos.

—¿Qué tiene de particular? Es que el eco de la iglesia de mi pueblo es tan extraordinario que si uno le pregunta: "¿Cómo está usted?", el eco contesta con voz muy clara: "Muy bien, gracias, ¿y usted?"

1. ¿Cuándo los españoles quieren contar algo gracioso, ¿quiénes son casi siempre los personajes del cuento? 2. ¿En qué país está Andalucía? 3. ¿Qué otras regiones de España puede usted nombrar? 4. ¿Qué fama tienen los andaluces? 5. ¿Dónde estaban sentados unos

amigos? 6. ¿Sobre qué empezaron a hablar? 7. ¿Qué dijo el primero acerca del eco en una iglesia de su pueblo? 8. ¿Qué dijo el segundo del eco en una iglesia de su pueblo? 9. ¿Era extraordinario el eco en una iglesia del pueblo del tercer hombre? 10. Según el tercer hombre, si uno preguntaba "¿Cómo está usted?", ¿cómo contestaba el eco?

B. EJERCICIO ORAL

Yo *hablaba* con el profesor cuando Juan llegó. En ese momento ella *estudiaba* francés. Los niños *estaban* en el parque cuando pasé por allí. *Preparábamos* nuestras tareas cuando usted llamó.

Juan *leía* cuando llegamos; su hermana *cosía* y sus dos hermanos *escribían* los ejercicios.

Yo siempre *ayudaba* a mi hermano en sus estudios. Las tiendas *se cerraban* a las cinco; pero ahora se cierran a las seis. El año pasado yo me *levantaba* a las seis todos los días. El *fumaba* mucho. Yo *veía* a Juan todos los días. *Veníamos* juntos a la escuela.

1. ¿Cuántos años tenía su profesor de español cuando vino a este país? 2. ¿Qué hacían los otros alumnos cuando llegó usted a la clase? 3. ¿Qué hacía el profesor? 4. ¿En qué idioma hablaban? 5. ¿De qué hablaban? 6. ¿A quién encontró usted cuando caminaba por el parque ayer? 7. Cuando su amigo vivía en Francia, ¿qué idioma hablaba? 8. ¿Le gusta a usted ir al circo? ¿Le gustaba ir al circo cuando era más joven? 9. ¿Cuánto valía su libro de español cuando lo compró? 10. ¿Cuánto valía su pluma cuando la compró? 11. ¿Quién le traía a usted muchos regalos? 12. ¿Con quién venía usted a la escuela todos los días?

C. REPASO

1. ¿Le gusta o no le gusta a usted oír cuentos graciosos? 2. ¿Le gusta contar cuentos graciosos? 3. ¿Qué personas de España tienen fama de ser exageradas? 4. ¿Qué personas de este país tiene fama de ser exageradas? 5. ¿En qué ciudad tiene lugar el cuento de esta lección? 6. ¿De qué país es Madrid la capital? 7. ¿Es Madrid una ciudad grande o pequeña? 8. ¿Es Madrid una ciudad moderna o antigua? 9. ¿Cómo se llaman los habitantes de Madrid? 10. ¿Cómo se llaman los habitantes de Andalucía? 11. ¿En qué parte de España está situada Andalucía? 12. ¿En qué parte de España está situada Madrid?

1. ¿Sufre usted de dolor de cabeza con mucha o poca frecuencia? 2. ¿Qué medicina toma usted cuando tiene dolor de cabeza? 3. ¿Cuáles son las diferentes cosas que se pueden comprar en una farmacia? 4. ¿Cuáles son las diferentes cosas que se pueden comprar en una tienda de comestibles? 5. ¿Se venden las frutas en una frutería o en una carnicería? 6. ¿En qué tiendas se venden libros? 7. ¿Dónde se venden periódicos? 8. ¿En qué día del año empieza el verano? 9. ¿En qué día del año termina el verano? 10. ¿Es la primavera una estación fría o calurosa? 11. ¿Qué tiempo hace hoy? 12. ¿Qué tiempo hizo ayer. 13. ¿Pasa usted mucho o poco tiempo en la playa durante el verano? 14. ¿Por qué van las personas a menudo a las playas durante el verano? 15. ¿Por qué las personas se quedan generalmente en sus casas durante el invierno? 16. ¿Qué estación del año prefiere usted, el verano o el invierno? 17. ¿En qué mes del año nació usted? 18. ¿Qué día es su cumpleaños? 19. ¿Dónde nació usted? 20. ¿Dónde nació Juan?

Vocabulario: gracioso, región, fama, exagerado, café, eco, pueblo, iglesia, repetir, pronunciado, hasta, extraordinario, comparación, ninguno, voz, capital, moderna, antigua, situado, comestible, carnicería, nacer, cumpleaños, parte.

Use las siguientes frases en oraciones:

no es nada	tener en particular
por la mañana	tener fama
hasta por la tarde	en particular
en comparación con	empezar a
en ninguna parte	

LECCIÓN 22

UN CUENTO CORTO

En la última lección leímos algo sobre los andaluces, quienes, como ustedes ahora saben, son famosos por su gracia y por su manera de exagerar. Hay también este cuento sobre un andaluz y un americano. Los dos hablaban de las maravillas de sus respectivos países.

El americano trataba de impresionar al andaluz y dijo:

—En los Estados Unidos tenemos máquinas para todo. Tenemos máquinas donde se echa una moneda por un lado y sale por el otro lado un paquete de dulces, cigarrillos o refrescos. La más moderna es una máquina en que se echa una semilla por un lado y sale un melón por el otro.

El andaluz escuchaba con mucha atención. Por fin dijo:

—Todo eso es muy extraordinario; pero en Andalucía tenemos miles de máquinas también. Tenemos, por ejemplo, una en que por un lado echamos yerba y por el otro lado sale leche.

—Eso es bueno, dijo el americano. ¿Qué máquina es ésa?

—Se llama una vaca, dijo el andaluz muy contento.

1. ¿Qué cuento leímos en la última lección? 2. ¿De quiénes trata este cuento? 3. ¿De qué hablaban un americano y un andaluz 4. ¿A quién trataba de impresionar el americano? 5. Según el americano, ¿qué máquinas tienen en los Estados Unidos? 6. Si uno echa una moneda por un lado, ¿qué sale por el otro lado?

7. Según el americano, ¿cuál es la máquina más moderna que tienen? 8. ¿Escuchaba el andaluz con mucha o poca atención? 9. Según el andaluz, ¿tienen muchas o pocas máquinas en Andalucía? 10. En una de las máquinas, ¿qué echan por un lado? 11. ¿Qué sale por el otro lado? 12. Según el andaluz, ¿cómo se llama esta máquina?

B. EJERCICIO ORAL

Yo *era* muy joven en esa época. Ella *era* muy cuidadosa cuando pequeña. *Eramos* muy buenos amigos. ¿Qué hora *era* cuando llegaron? Los dos *eran* de Andalucía.

Lo vi mientras yo *iba* a la escuela. *Ibamos* a llamarla ayer. El *iba* a jugar tenis, pero llovió. *Iban* al cine casi todas las noches.

Había muchos alumnos ausentes ayer. No *había* nadie en la oficina. *Había* pocas muchachas en la fiesta anoche.

1. ¿Era fácil o difícil la lección de ayer? 2. ¿Eran fáciles o difíciles los ejercicios de ayer? 3. ¿Qué hora era cuando usted llegó a la escuela esta mañana? 4. ¿Qué hora era cuando usted salió de su clase? 5. ¿A quién encontró usted cuando iba a la escuela esta mañana? 6. ¿Por qué dijo usted que iba a gastar menos dinero en el futuro? 7. ¿Por qué dijo Juan que no iba a estudiar español el año que viene? 8. ¿Por qué dijo Elena que no iba al cine con usted esta noche? 9. ¿Había muchos o pocos alumnos ausentes de la clase ayer? 10. ¿Había más muchachos o más muchachas en el baile anoche?

C. REPASO

1. ¿Por qué cualidades son famosos los andaluces?
2. ¿Por qué cualidades son famosos los americanos?
3. ¿Por qué cualidades son famosos los franceses? ¿Los ingleses? ¿Los latinos? 4. ¿Le gustan o no le gustan a usted las personas que exageran? 5. ¿Come usted muchos o pocos dulces? 6. ¿Fuma usted cigarrillos? 7. ¿Qué refrescos le gustan más a usted? 8. ¿Toma usted más refrescos cuando hace frío o cuando hace calor? 9. ¿Come usted muchos o pocos melones? 10. ¿Es el melón una fruta dulce o agria? 11. ¿De qué color es la hierba? 12. ¿Toma usted mucha o poca leche? 13. ¿Es la vaca una máquina o un animal? 14. ¿Es la vaca un animal doméstico o salvaje? 15. ¿Qué comen las vacas como alimento?

1. ¿A qué hora empieza su lección todos los días? 2. ¿A qué hora empezó su lección ayer? 3. ¿Se despierta usted tarde o temprano por la mañana? 4. ¿Se despertó usted tarde o temprano esta mañana? 5. ¿A qué hora se despertó usted esta mañana? 6. ¿A qué hora se levantó usted? 7. ¿Cuánto tiempo tardó usted en vestirse esta mañana? 8. ¿A qué hora desayunó usted esta mañana? 9. ¿Se vistió usted esta mañana antes o después de desayunar? 10. ¿A qué hora llegó usted a la escuela esta mañana? 11. ¿A qué hora va usted a volver a su casa? 12. ¿A qué hora volvió usted a su casa ayer? 13. ¿A qué hora se acostó usted anoche? 14. ¿Durmió usted bien o mal? 15. ¿Cuántas horas durmió usted anoche? 16. ¿Qué hizo usted anoche? 17. ¿Se quedó usted en casa anoche o salió? 18. ¿Se quedaron sus padres en casa anoche o salieron? 19. Por regla general, ¿se quedan ellos en casa todas las noches o salen? 20. ¿Cómo pasan ustedes el tiempo en casa por la noche?

Vocabulario: famoso, manera, exagerar, maravilla, respectivo, impresionar, moneda, paquete, dulces, cigarrillo, refresco, máquina, echar, semilla, melón, mil, hierba, leche, vaca, contento, época, tenis, jugar, futuro, cualidad, alimento, ejemplo, cuidadoso.

Use las siguientes frases en oraciones:

por un lado
famoso por
tratar de
por el otro lado
echar una moneda

ausente de
por fin
por ejemplo
en esa época

LECCION 23

EXPRESIONES DE TIEMPO

Juan: —¿Paran aquí los autobuses, señor?
Desconocido:—Sí, siempre paran en esta esquina.
Juan: —Yo quiero ir a la Plaza del Callao. ¿Puedo tomar cualquier autobús?
Desconocido:—Puede tomar cualquiera menos el número 10. El número 10 dobla en la calle de la Montera y sigue por la Puerta del Sol.
Juan: —¿Con qué frecuencia pasan los autobuses?
Desconocido:—Pasan cada quince minutos. Pasará uno en cinco minutos. Aquí viene uno ahora.
Juan: —Bueno. ¿Cuánto tiempo tardaremos en llegar a la Plaza del Callao.
Desconocido:—Cerca de quince minutos. No está muy lejos. ¿Es usted extranjero?

Juan:	—Sí, lo soy. Llegué a Madrid hace tres días.
Desconocido:	—¿De qué país es usted?
Juan:	—Soy de los Estados Unidos.
Desconocido:	—¿Le gusta Madrid?
Juan:	—Me gusta mucho, pero me confunde un poquito. Algunas veces me pierdo cuando tengo que viajar solo por la ciudad.
Desconocido:	—Usted se acostumbrará. No es muy difícil. Bueno, aquí está el autobús. Afortunadamente no está muy lleno.
Juan:	—Muchas gracias por la información.
Desconocido:	—De nada.

1. ¿Entre qué personas tiene lugar este diálogo? 2. ¿En qué ciudad tiene lugar este diálogo? 3. ¿De qué país es Juan? 4. ¿De qué país es el desconocido? 5. ¿Paran los autobuses en todas las esquinas o solamente en ciertas esquinas? 6. ¿Cómo se indican las esquinas en que paran los autobuses? 7. ¿Con qué frecuencia pasan los autobuses, según el hombre del diálogo? 8. ¿Tiene Juan que esperar mucho o viene un autobús muy pronto? 9. ¿Es fácil para Juan andar por Madrid o se pierde a menudo? 10. ¿Le gusta o no le gusta a Juan Madrid? 11. Cuando llegó el autobús, ¿estaba lleno o vacío? 12. Cuando Juan le da las gracias al desconocido por la información, ¿qué le contesta el hombre? 13. ¿Cuánto tiempo hace que Juan llegó a Madrid? 14. ¿Cuánto tiempo hace que usted empezó a estudiar español?

B. EJERCICIO ORAL

Por la noche, después de comer, Juan a menudo le escribe cartas a uno de sus amigos en Suramérica.

Primero va a su cuarto, se sienta al escritorio y toma papel y lápiz. Empieza la carta: "Querido Carlos". Le cuenta a Carlos muchas cosas de la escuela y de su vida diaria. Termina la carta y la firma. Después dobla la carta y la mete en un sobre. Escribe la dirección en el sobre, y le pone un sello de correos. Después va a la esquina y echa la carta en el buzón.

Mañana por la noche, después de comer, Juan *escribirá* una carta a uno de sus amigos de Suramérica. Primero *irá* a su cuarto, se *sentará* al escritorio y *tomará* papel y lápiz. *Empezará* la carta: "Querido Carlos". Le *contará* a Carlos muchas cosas de la escuela y de su vida diaria. *Terminará* la carta y la *firmará*. Después *doblará* la carta y la *meterá* en un sobre. *Escribirá* la dirección en el sobre y le *pondrá* un sello de correos. Después *irá* a la esquina y *echará* la carta en el buzón.

1. ¿Qué carta escribirá Juan mañana por la noche? 2. ¿A dónde irá primero? 3. ¿Dónde se sentará? 4. ¿Escribirá la carta con lápiz o con pluma? 5. ¿Cómo empezará la carta? 6. ¿Qué le contará a Carlos? 7. ¿Qué hará después de terminar la carta? 8. ¿Dónde la meterá? 9. ¿Qué escribirá en el sobre? 10. ¿Qué pondrá en el sobre? 11. ¿A dónde irá después? 12. ¿A dónde echará la carta?

C. REPASO

1. ¿Va usted a la escuela en autobús o en metro? 2. ¿Cuál es más rápido, el autobús o el metro? 3. ¿En qué esquina toma usted el autobús? 4. ¿Pasan los autobuses muy a menudo o tiene que esperar usted a veces mucho tiempo? 5. ¿Con qué frecuencia pasan los auto-

buses? 6. Por regla general, ¿están llenos o vacíos cuando llegan a su esquina? 7. ¿Puede usted encontrar un asiento fácilmente o tiene que estar de pie? 8. ¿Es fácil o difícil encontrar un asiento en un autobús lleno? 9. ¿Es fácil o difícil encontrar un asiento en un autobús vacío? 10. ¿Cuánto es el pasaje en el autobús? 11. ¿Hay que pagar el pasaje al entrar en el autobús o al salir? 12. ¿A quién hay que pagar el pasaje? 13. ¿Es fácil o difícil para los extranjeros andar por una ciudad extraña? 14. ¿Se pierden los extranjeros frecuentemente en una ciudad grande como Nueva York? 15. ¿Le gusta o no le gusta a usted pedirle información a desconocidos?

1. ¿A qué hora desayuna usted todos los días? 2. ¿A qué hora desayunó usted ayer? 3. ¿A qué hora desayunará mañana? 4. ¿A qué hora llega usted a la escuela todos los días? 5. ¿A qué hora llegó usted a la escuela ayer? 6. ¿A qué hora llegará usted a la escuela mañana? 7. ¿A qué hora llegan Antonio y Ricardo generalmente a la escuela? 8. ¿A qué hora llegaron a la escuela ayer? 9. ¿A qué hora llegarán mañana? 10. ¿Van ellos a la escuela en autobús o a pie? 11. ¿Fueron ellos a la escuela ayer en autobús o a pie? 12. ¿Cómo irán ellos a la escuela mañana? 13. ¿A qué hora empieza su clase de español? 14. ¿A qué hora empezó su clase ayer? 15. ¿A qué hora empezará su clase mañana? 16. ¿Con quién almuerza usted todos los días? 17. ¿Con quién almorzó usted ayer? 18. ¿Con quién almorzará mañana? 19. ¿Dónde está Juan ahora? 20. ¿Dónde estuvo Juan ayer a esta hora? ¿Dónde estará Juan mañana a esta hora? 21. ¿Quién es su profesor de español? 22. ¿Quién era su profesor de español el año pasado? ¿Quién será su profesor de español el año que viene?

Vocabulario: parar, esquina, cualquier, seguir, extranjero, desconocido, confundir, poquito (poco), acostumbrarse, afortunadamente, lleno, información, cierto, pronto, andar, vacío, asiento, doblar, dirección, correo, buzón, vida, diaria, meter, sobre.

Use las siguientes frases en oraciones:

tomar el autobús	tardar en llegar
el autobús para	hay que pagar
el autobús dobla	hace tres días
con qué frecuencia	algunas veces
cuánto tiempo	de nada

LECCION 24

EXPRESIONES DE TIEMPO

Profesor:—Estas expresiones son importantes en español: *ayer, anteayer, anoche, anteanoche, mañana, pasado mañana*, etc. Hoy es martes. Guillermo, ¿qué hizo usted anteayer?

Alumno: —Anteayer fue domingo. Estuve en casa todo el día. Fui a dar un paseo por el parque.

Profesor:—Pasado mañana será jueves. Elena, ¿qué hará usted pasado mañana?

Alumna: —Pasado mañana yo vendré a la escuela, como de costumbre.

Profesor:—Pedro, ¿qué hizo usted anoche?

Alumno: —Anoche fui con mi hermano al cine.

Profesor:—¿Y qué hizo usted anteanoche?

Alumno: —Anteanoche yo fui con mi madre al médico.

Profesor:—¿Y qué le dijo el médico anteanoche cuando usted fue a verlo?

Alumno: —No dijo nada. Solamente me dio una medicina para la tos.

Profesor:—Y cuando usted llegó a su casa anteanoche, ¿tomó la medicina que el médico le dio para la tos?

Alumno: —Yo la probé, pero decidí que era mejor tener la tos.

1. ¿Qué hizo usted ayer? 2. ¿Qué hizo usted anteayer? 3. ¿Qué hizo usted anoche? 4. ¿Qué hizo usted anteanoche? 5. ¿Qué hará usted mañana? 6. ¿Qué hará usted pasado mañana? 7. ¿Qué día es hoy? ¿Ayer? ¿Anteayer? ¿Mañana? ¿Pasado mañana? 8. Como de costumbre, ¿qué hará Elena pasado mañana? 9. ¿A dónde fue Pedro anoche? 10. ¿A dónde fue Pedro anteanoche? 11. ¿Qué le dio el médico a Pedro? 12. ¿Por qué no tomó Pedro la medicina que el médico le dio?

C. REPASO

Juan va a la administración de correos a comprar sellos muy a menudo por las tardes. Va primero a la ventanilla de sellos. Hay muchas personas frente a esta ventanilla, de manera que tiene que hacer cola durante varios minutos. Finalmente llega su turno. Le dice al hombre que está detrás de la ventanilla cuántos sellos quiere. El hombre le dice a Juan cuánto valen los sellos. Juan le paga. Pone un sello en la carta y la echa en el buzón.

Mañana por la tarde Juan *irá* a la administración de correos a comprar sellos. *Irá* primero a la ventanilla de sellos. *Habrá* muchas personas frente a esta ventanilla, de manera que *tendrá* que hacer cola durante varios minutos. Finalmente *llegará* su turno. Le *dirá* al hombre que *estará* detrás de la ventanilla cuántos sellos *quiere*. El hombre le *dirá* a Juan cuánto *valen* los sellos. Juan le *pagará*. *Pondrá* un sello en la carta y la *echará* en el buzón.

(Lea otra vez el párrafo anterior usando *YO* en vez de *Juan*: *Mañana por la tarde yo iré a la administración de correos*, etc.)

1. ¿A dónde va Juan muy a menudo por las tardes? 2. ¿A dónde irá Juan mañana por la tarde? 3. ¿A dónde va primero? 4. ¿A dónde irá primero mañana? 5. ¿Habrá muchas o pocas personas frente a esta ventanilla? 6. ¿Tendrá que hacer cola durante mucho o poco tiempo? 7. ¿Qué le dirá al hombre que estará detrás de la ventanilla? 8. ¿Qué le dirá el hombre a Juan? 9. ¿Qué hará Juan? 10. ¿Dónde pondrá Juan uno de los sellos y dónde depositará la carta?

C. REPASO

1. ¿Va usted con mucha o poca frecuencia a la administración de correos? 2. ¿Qué compra usted allí? 3. ¿Cuánto tiempo tiene que hacer cola allí? 4. ¿Le gusta o no le gusta tener que hacer cola? 5. ¿Va usted a la administración de correos para comprar sellos solamente o va usted algunas veces para despachar paquetes? 6. ¿Cuándo fue usted la última vez a la administración de correos? 7. ¿Había muchas o pocas personas allí?

8. ¿Cuánto tiempo tuvo que hacer cola? 9. ¿Qué compró usted allí? 10. Si usted va mañana a la administración de correos, ¿habrá muchas o pocas personas allí? 11. ¿A qué ventanilla irá usted? 12. ¿Cuánto tiempo tendrá que hacer cola? 13. ¿Qué comprará usted allí? 14. ¿Qué hará con los sellos que comprará? 15. ¿Dónde echará su carta?

1. ¿Dónde pone usted sus libros al llegar a la clase todos los días? 2. ¿Dónde los puso usted ayer al llegar a la clase? 3. ¿Dónde los pondrá mañana? 4. ¿Cuántas horas tiene que estudiar cada noche en casa? ¿Cuántas horas tuvo que estudiar anoche? 5. ¿Cuántas horas tendrá que estudiar usted esta noche? 6. ¿Viene usted a la escuela a pie o en autobús? 7. ¿Cómo vino usted a la escuela esta mañana? 8. ¿Cómo vendrá usted a la escuela mañana por la mañana? 9. ¿Por qué no puede asistir Juan a la clase hoy? 10. ¿Por qué no pudo asistir él a la clase ayer? 11. ¿Por qué no podrá asistir él a la clase mañana? 12. ¿Cuántas personas caben en el automóvil de Eduardo? 13. ¿Cuántas personas cabían en su coche viejo? 14. ¿Cuántas personas cabrán en su carro nuevo? 15. ¿Hay muchos o pocos alumnos ausentes hoy? 16. ¿Había muchos o pocos ausentes ayer? 17. ¿Habrá muchos o pocos ausentes mañana? 18. Por regla general, ¿hace usted sus ejercicios con mucho o poco cuidado? 19. ¿Hizo usted sus ejercicios anoche con mucho o poco cuidado? 20. ¿Hará usted sus ejercicios mañana con mucho o poco cuidado? 21. ¿Por qué no le dice usted a Juan la verdad? 22. ¿Por qué no le dijo usted a Juan la verdad? 23. ¿Por qué no le dirá usted a Juan la verdad? 24. ¿Por qué no quiere usted ir al cine? 25. ¿Por qué no quiso usted ir al cine anoche? 26. ¿Por qué no querrá usted ir al cine mañana por la noche?

Vocabulario: anteayer, anteanoche, paseo, costumbre, médico, tos, probar, administración de correos, ventanilla (ventana), de manera que, cola, varios, turnos, despachar, asistir, durante, automóvil, caber, coche, carro.

Use las siguientes frases en oraciones:

anteayer	mañana por la mañana
anteanoche	mañana por la tarde
pasado mañana	dar un paseo
ayer por la mañana	de manera que
ayer por la tarde	hacer cola

LECCION 25

EL PARAGUAS NEGRO

Hay muchos cuentos sobre las dificultades de personas que viajan por países extranjeros sin saber el idioma de esos países.

Un americano estaba en España. Un día quería almorzar y entró en un pequeño café. Quiso pedir algo bueno que comer; pero no entendía bien el español. Era imposible para él entender el menú. Sabía, no obstante, pedir huevos, y por fin los pidió. Como al americano le gustaban mucho las setas, quería pedir huevos con setas. Pero no sabía cómo pedir setas en español. El camarero no entendía ni una palabra de inglés. Finalmente el americano sacó del bolsillo papel y lápiz y con mucho cuidado dibujó una seta. El camarero miró el dibujo por mucho rato. No·entendía bien lo que quería decir el americano con su dibujo; pero por fin salió.

Estuvo fuera por mucho tiempo. Después de más de media hora volvió. Le trajo al americano, en vez de una orden de setas, un paraguas negro muy grande.

1. ¿Hay muchos cuentos sobre personas que viajan por países extranjeros sin hablar el idioma de esos países? 2. ¿Dónde estaba un americano? 3. ¿Qué quería él hacer un día? 4. ¿En dónde entró? 5. ¿Qué sabía él pedir? 6. ¿Qué quería el americano pedir con los huevos? 7. ¿Sabía él cómo decir setas? 8. ¿Entendía el camarero mucho o poco inglés? 9. ¿De dónde sacó el americano papel y lápiz? 10. ¿Qué dibujó él con mucho cuidado? 11. ¿Miró el camarero el dibujo mucho o poco rato? 12. ¿Qué hizo el camarero por fin? 13. ¿Tardó el camarero mucho o poco tiempo en volver? 14. ¿Qué trajo el camarero en vez de una orden de setas?

B. EJERCICIO ORAL

a) El es un muchacho bueno. Es un *buen* muchacho. Fue un día malo. Fue un *mal* día. Viven en el piso primero. Viven en el *primer* piso. No tengo dinero ninguno. No tengo *ningún* dinero. Hacían el ejercicio tercero. Hacían el *tercer* ejercicio.

b) Tengo *algo* que decirle. No tengo *nada* que decirle. Vi a *alguien* en la oficina. No vi a *nadie* en la oficina. *Siempre* llega a tiempo. *Nunca* llega a tiempo. Habla bien francés *también*. No habla bien francés *tampoco*. Tenía *algún* dinero. No tenía *ningún* dinero.

(Dé dos respuestas a cada una de las siguientes preguntas, una positiva y otra negativa.)

1. ¿Había *alguien* en la clase cuando usted llegó?

95

2. ¿Tiene usted *algo* que estudiar esta noche? 3. ¿Le gustan a usted estos cuentos *también?* 4. ¿Tiene Juan *algunos* amigos en la escuela? 5. ¿*Siempre* viene usted a la escuela a pie? 6. ¿Habla Elena alemán *también?* 7. ¿Sabe usted *algo* acerca de *ello?* 8. ¿Le habló Juan a *alguien* acerca de esto? 9. ¿Fueron ustedes a *alguna* parte después de la lección? 10. ¿Hay *alguien* en el pasillo? 11. ¿Va Elena *también* a la fiesta? 12. ¿Tiene usted *algo* que contarnos?

C. REPASO

1. ¿Le gusta o no le gusta a usted viajar? 2. ¿Es fácil o difícil para usted leer un menú en español? 3. ¿Cómo se dice "setas" en inglés? 4. ¿Cómo se dice en inglés "él pidió huevos"? 5. ¿Cómo se traduce al español "he went into a small restaurant"? 6. ¿Le gustan o no le gustan a usted las setas? 7. ¿Se comen muchas o pocas setas en los Estados Unidos? 8. ¿Dibuja usted bien o mal? 9. ¿Cree usted que el americano del cuento dibujaba bien o mal? 10. ¿Por qué le trajo el camarero al americano un paraguas en vez de una orden de setas? 11. ¿Se parecen una seta y un paraguas? 12. ¿Para qué sirve un paraguas? 13. ¿Se usan los paraguas en buen tiempo o en mal tiempo? 14. ¿Se usan cuando hace sol o solamente cuando llueve?

1. ¿Cuánto le costó este libro? 2. ¿Cuánto cuesta un buen par de zapatos? 3. ¿Cuánto vale una docena de huevos? ¿Una libra de mantequilla? ¿Una pluma? ¿Un lapicero? 5. ¿Cuál cuesta más, un lápiz o un lapicero? 6. ¿Dónde se venden los lapiceros? 7. ¿Dónde se vende mina para los lapiceros? 8. ¿Dónde

se vende tinta para las plumas? 9. ¿Es más caro
viajar por tren o por avión? 10. ¿Qué es más rápido,
viajar por tren o viajar por avión? ¿Cuál es más cómodo? 11. ¿Cuánto cuesta ir desde Nueva York a Madrid
por avión? 12. ¿Cuánto cuesta ir desde Nueva York a
Miami por tren? 13. ¿Le cuesta a usted mucho o poco
trabajo preparar su lección de español cada día? 14. ¿Le
cuesta a usted mucho o poco trabajo contestar estas
preguntas? 15. ¿Le costó a usted mucho o poco trabajo
entender la anécdota de esta lección? 16. ¿Le cuesta a
usted más trabajo hablar o entender español? 17. ¿Les
cuesta a ustedes mucho o poco trabajo entender al profesor cuando les habla en español? 18. ¿Le cuesta al profesor mucho o poco trabajo entenderlos a ustedes cuando le hablan en español?

Vocabulario: dificultad, viajar, imposible, lista,
no obstante, huevo, seta, dibujar, fuera, orden, paraguas, pasillo, docena, libra, mantequilla, pluma, lapicero, cómodo, mina, sin, tampoco, costar.

Use las siguientes frases en oraciones:

sin saber
pedir algo
no obstante
por eso
sacar del bolsillo

mucho rato
en vez de
costar trabajo
querer decir
por fin

SPANISH - ENGLISH VOCABULARY

A

a, to, at, in, from, after
abierto, open
abrigo, overcoat
abril, April
acabar, to end
accidente, accident
aceptar, to accept
acerca de, about
acostarse, to lie down, to go to bed
acostumbrarse, to become accustomed to
adelantar, to advance
además, besides
adiós, goodby
administración de correos, post office
afortunadamente, fortunately
agosto, August
agradable, agreeable
agrio, sour
agua, water
ahora, now
algo, something
alguien, someone
alguno, some
alimento, food
allá, there
allí, there
almorzar, to lunch
alto, high, tall
alumno(a), pupil
amarillo, yellow
a menudo, often
americano, American
amigo, friend
amoníaco, ammonia
ancho, wide
andar, to walk, go
anécdota, anecdote
anillo, ring
animal, animal
anteanoche, night before last
anteayer, day before yesterday
anterior, preceeding
antes, before
antes de, before
antiguo, old
anuncio, annoucement
año, year
apetito, appetite
aplicado, diligent
aprender, to learn
aquel, that

aquí, here
árbol, tree
aritmética, arithmetic
arreglar, to fix, adjust
arriba, above, upstairs
artículo, article
así, thus, so
asiento, seat
asignatura, subject (of study)
asistir, to attend
atención, attention
autobús, bus
automóvil, automobile
autor, author
avión, airplane
ayer, yesterday
ayudar, to help
azul, blue

B

bailar, to dance
baile, dance
bajo, low, under, short
bañarse, to take a bath
barato, cheap
bastante, enough
beber, to drink
bello, handsome, beautiful
biblioteca, library
bigote, mustache
blanco, white
boda, wedding
bolsillo, pocket
bonito, pretty
bosque, forest
botella, bottle
bravo, angry
brazo, arm
breve, brief
broma, joke
bueno, good, well
buscar, to look for
buzón, mailbox

C

caballo, horse
caber, to fit into
cabeza, head
cada, each
caerse, to fall
café, coffee, cafe
cálculo, calculation
caliente, hot
calor, heat

99

caluroso, warm
calvo, bald
calle, street
cama, bed
camarero, waiter
cambiar, to change
caminar, to walk
camisa, shirt
campo, country, field
cansado, tired
cansarse, to get tired
cantar, to sing
capital, capital
capítulo, chapter
cara, face
cardinal, cardinal
carne, meat
carnicería, butcher shop
caro, expensive
carro, cart, car
carta, letter
cartera, portfolio, pocketbook
cartero, postman
casa, house
casarse, to get married
casi, almost
caso, case
casualidad, chance
catástrofe, catastrophe
causa, cause
causar, to cause
cenar, to eat supper
centavo, cent
cerca, near
cerrar, to close, lock, shut
cesto, basket
ciego, blind
cielo, sky
científico, scientific
cierto, certain
cigarrillo, cigarette
cinco, five
cincuenta, fifty
cine, movie
ciudad, city
claro, clear
clase, class
clima, climate
cobrar, to charge
coche, car, carriage
cocina, kitchen
coger, to grasp, sieze, pick up
cola, tail, end
colocar, to arrange
color, color
comenzar, to begin
comer, to eat
comestible, food
cometer, to do, to commit
comida, meal

como, like, as
cómodo, comfortable
comparación, comparison
comparativo, comparative
completamente, completely
comprar, to buy
comprender, to understand
con, with
condición, condition
confundir, to confuse
conmigo, with me
conocer, to know, to be acquaint-
ed with
conseguir, to obtain, to get
contar, to count
contento, contented, pleased
contestar, to reply
contigo, with you
contrario, contrary
correcto, correct
correo, mail
correr, to run
corresponder, to correspond
corrida de toros, bullfight
cortar, to cut
cortina, curtain
cosa, thing
costar, to cost
costumbre, custom
crecer, to grow
creer, to believe
criado, servant
cruzar, to cross
cuaderno, note book
cuadro, picture
cual, which
cualidad, quality
cualquier, any
cuando, when
cuanto, how many
cuarto, room
cubano, Cuban
cubierto, covered
cuchara, spoon
cuchillo, knife
cuento, story
cuidado, care
cuidadoso, careful
cuidar, to take care
cumpleaños, birthday
curiosidad, curiosity
curso, course

D

dar, to give
debajo de, under
deber, to have to, must
décimo, tenth
decir, to say
declararse, to propose

defender, to defend
dejar, to let, leave
delante de, before, in front of
de manera que, so, thus
demasiado, too much
demostrativo, demonstrative
desayunar, to breakfast
desayuno, breakfast
descansar, to rest
desconocido, unknown
descubrir, to discover
desde, since
desmayarse, to faint
despachar, to dispatch, send
despacio, slowly
despertarse, to awaken
después, after
detrás de, behind
devolver, to return, to give back
día, day
diálogo, dialogue
diaria, daily
dibujar, to draw
diciembre, December
diferencia, difference
diferente, different
difícil, difficult
dificultad, difficulty
dinero, money
dirección, direction, address
distinguir, to distinguish
distinto, different
doblar, to fold, turn
docena, dozen
dolor, pain
doméstico, domestic
domingo, Sunday
donde, where
dormir, to sleep
doscientos, two hundred
dudar, to doubt
dulce, sweet
dulces, sweets, candy
durante, during
durar, to last

E

echar, to throw
eco, echo
edad, age
edificio, building
ejemplo, example
ejercicio, exercise
el, the
él, he
elegante, elegant
ella, she
ellos (as), they
empezar, to begin

en, in
encantar, to enchant
encargarse, to be in charge of
encender, to light
encontrar, to find
enemigo, enemy
enero, January
enfermo, ill, sick
enseñar, to teach
entender, to understand
entonces, then
entrar, to enter
entre, between
entregar, to deliver
en vez de, instead of
época, period
es, is
escoger, to choose
escolar, school (adj.)
escribir, to write
escuchar, to listen
escuela, school
español, Spanish
esperar, to wait
esquina, corner
estación, station, season
estar, to be
estilográfica, fountain-pen
esto, this
estudiante, student
estudiar, to study
estudio, studio, study
exagerado, exaggerated
examen, examination
excepción, except
exclamación, exclamation
extranjero, foreigner
extrañarse, to wonder
extraño, strange
extraordinario, extraordinary

F

fábrica, factory
fácil, easy
faltar, to lack
fama, fame
familia, family
famosa, famous
farmacéutico, pharmacist
farmacia, pharmacy
favor, favor
favorito, favorite
febrero, February
fecha, date
feliz, happy
femenino, feminine
feo, ugly
fiesta, feast, party
fin, end

101

final final
foto, fotografía, photograph
flor, flower
francés, French
frecuencia, frequency
frío, cold
fruta, fruit
frutería, fruit stand
fuera, outside, out
fuerte, strong
fumar, to smoke
futuro, future

G

gastar, to spend
general, general
generalmente, generally
gente, people
gracias, thanks
gracioso, funny
grado, grade
gramática, grammar
grande, big
gris, gray
guía, guide
guagua, baby (in Chile); bus (in Cuba)
guapo, hansome

H

haber, to have, to be
habitación, room
habitante, inhabitant
hablar, to talk, to speak
hacer, to make, to do
hambre, hunger
hasta, until
hay, there is, there are
hecho, done, fact
helado, ice cream
hermano (a), brother, sister
hermoso, handsome
hielo, ice
hierba, grass
hijo (a), son, daughter
historia, history, story
hora, hour
hospital, hospital
hotel, hotel
hoy, today
huevo, egg
huír, to flee

I

idioma, language
iglesia, church
ilustración, illustration

impertinente, impertinent
importante, important
importar, to import
imposible, impossible
impresionar, to impress
indicar, to indicate
información, information
inglés, English
inmediatamente, immediately
inteligente, intelligent
invierno, winter
ir, to go
itinerario, itinerary

J

jamón, ham
jardín, garden
joven, young
jueves, Thursday
jugar, to play
junio, June
junto, together

L

la, the
labrador, farmer
ladrillo, brick
ladrón, thief
lago, lake
lámpara, lamp
lapicero, pencil (mechanical)
lápiz, pencil
largo, length, long
lástima, pity
lavarse, to wash oneself
lección, lesson
leche, milk
lechuga, lettuce
leer, to read
legumbre, vegetable
lejos, far away
levantarse, to get up
libra, pound
libro, book
limpio, clean
lindo, pretty
listo, ready
lista, list
luego, later
lugar, place
lunes, Monday
llamar, to call
llamarse, to call oneself
llegar, to arrive
lleno, full
llorar, to weep, to cry
llover, to rain
lluvia, rain

102

madre, mother
maduro, ripe
maestro, teacher
magnífico, magnificent
mal, bad
mandar, to command
manejar (un automóvil), to drive
manera, way
mano, hand
mantequilla, butter
manzana, apple
manzano, apple tree
mañana, tomorrow, morning
máquina, machine
maravilla, wonder
martes, Tuesday
marzo, March
más, plus, more
masculino, masculine
matrimonial, matrimonial
mayo, May
mayor, larger, older
mayoría, majority
media, stocking
medicina, medicine
médico, doctor
mediana, (edad) middle age
medio, half
mejor, better
melón, melon
menos, minus, less
mental, mental
mes, month
mesa, table
meter, to stick in, to put
metro, subway
miedo, fear
miércoles, Wednesday
mil, thousand
millón, million
mina, mine, lead for pencil
minuto, minute
mirar, to look
mismo, same
moderno, modern
mojado, wet
modesto, modest
momento, moment
moneda, coin
monumento, monument
morir, to die
mostrador, counter
mostrar, to show
muchacho (a), boy, girl
mucho, much
mudarse, to move away
mujer, woman
muy, very

nacer, to be born
nación, nation
nacionalidad, nationality
nada, nothing
nadar, to swim
nadie, nobody
naranja, orange
nariz, nose
necesario, necessary
necesitar, to need
negro, black
nervioso, nervous
nevar, to snow
nieve, snow
ninguno, none
niño, child
noche, night
nombrar, to name
nombre, name
no obstante, however
nosotros (as), we
nota, note, mark
noticia, news
noveno, ninth
noviembre, November
nuevo, new
nunca, never
número, number

O

ochenta, eighty
ocho, eight
octavo, eighth
octubre, October
ocupado, occupied, busy
odiar, to hate
oficina, office
ofrecer, to offer
oír, to hear
olor, smell, odor
olvidar, to forget
once, eleven
opuesto, opposed, opposite
orden, order
ordinal, ordinal
oro, gold
oscuro, dark
otoño, autumn
otro, another

P

padre, father
pagar, to pay
página, page
país, country
pájaro, bird

palabra, word
pálido, pale
pan, bread
pañuelo, handkerchief
papa, potato
papel, paper
paquete, package
par, pair
para, for
paraguas, umbrella
parar, to stop
parecer, to seem
parecerse, to resemble
pared, wall
parientes, relatives
parque, park
particular, particular, private
pasaje, passage, fare
pasar, to pass
pasear, to take a walk
pasillo, hall
pedir, to ask for
pelear, to fight
pelo, hair
pensar, to think
peor, worse, worst
pequeño, small
pera, pear
peral, pear tree
perder, to lose
perdición, ruin
perezoso, lazy
periódico, newspaper
permitir, to permit
pero, but
perro, dog
persona, person
pesado, heavy
pescado, fish
pie, foot
piedra, stone
pintor, painter
pintura, paint
piso, floor
plátano, banana
playa, beach
pluma (fuente), fountain pen
plural, plural
pobre, poor
poco, little
poder, to be able, can
pollo, chicken
poner, to put
poquito, very little
por, by
por lo tanto, therefore
porque, because
por qué, why
posible, possible
precio, price

preciso, necessary
preferir, to prefer
pregunta, question
preguntar, to ask
preparar, to prepare
presentar, to present
prestar, to lend
primavera, spring
primero, first
primo, cousin
principal, principal
prisa, hurry
probar, to taste, to try
problema, problem
progreso, progress
prohibir, to prohibit
prometer, to promise
pronto, quick, soon
pueblo, town
puerta, door
puesto, place

Q

qué, what
quedarse, to stay, remain
querer, to love, to want
querido, dear
quien, who
quince, fifteen
quinto, fifth

R

radio, radio
rato, while
razón, reason
rebajar, to reduce
recibir, to receive
reflexivo, reflexive
refresco, refreshment, softdrink
regalo, gift
región, region
regla, rule
reloj, clock
repetir, to repeat
resistir, to endure
respetuoso, respectful
restaurante, restaurant
revista, magazine
rico, rich
rojo, red
ropa, clothes
roto, broken
ruido, noise

S

sábado, Saturday
saber, to know

104

sacar, to take out
sal, salt
sala, parlor
salir, to go out
saludar, to greet
salvaje, savage, wild
sandwich, sandwich
seco, dry
sed, thirst
seguir, to follow
seguida, followed
   en seguida, immediately
segundo, second
seguro, sure
seis, six
sello, stamp
semana, week
semilla, seed
sentarse, to sit down
sentir, to feel, to be sorry
sentirse, to feel
señor, sir, gentleman, Mr.
señora, madam, Mrs.
señorita, Miss
septiembre, September
séptimo, seventh
ser, to be
servir, to serve
seta, mushroom
sexto, sixth
sí, yes
siempre, always
siglo, century
siguiente, following
silla, chair
simpático, likable
sin, without
situado, situaded, located
sobre, envelope; on
sol, sun
solar, lot
solamente, only
solo, alone
sombra, shadow
sombrero, hat
somos, we are
son, they are
sopa, soup
sordo, deaf
sorprendido, surprised
soy, I am
subir, to go up
sucio, dirty
suceder, to happen
sueño, sleep
suerte, luck
sufrir, to suffer
suponer, to suppose
Suramérica, South America
sustantivo, substantive, noun

T

tamaño, size
tampoco, either
tan, as much as
tanto, as much as
tardar, to delay
tarde, late
tarea, homework
tarjeta, card, postcard
teatro, theater
teléfono, telephone
temprano, early
temer, to fear
tener, to have
tenis, tennis
tercero, third
terminar, to end
tiempo, time
tienda, store
tinta, ink
tío (a), uncle, aunt
todo, all
tomar, to take, to drink
tomate, tomato
torcer, to turn
tos, cough
trabajar, to work
traducir, to translate
traer, to bring
tras, behind
tratar, to try
trece, thirteen
triste, sad
turista, tourist
turno, turn
tuyo, yours

U

un(a), one
uno, one
usar, to use
uso, use
usted(es), you
útil, useful

V

vaca, cow
vacaciones, vacation
vacío, empty
valer, to be worth
varios, various, several
vecino, neighbor
veinte, twenty
vender, to sell
venir, to come
ventana, window
ventanilla, window

ver, to see
verano, summer
verdad, true, truth
verde, green
vestido, dress
vestirse, to dress oneself
vez, time
viajar, to travel
viaje, trip
vida, life
vidriera, shop-window
viejo, old
viento, wind
viernes, Friday

visita, visit
viudo, widower
vivir, to live
volver, to return
voz, voice

Y

y, and
ya, already
yo, I

Z

zapato, shoe